蒙台梭利经典早教智慧

佟文霞/编著

Montessori

中国人口出版社
China Population Publishing House
全国百佳出版单位

图书在版编目(CIP)数据

蒙台梭利经典早教智慧／佟文霞编著．—北京：中国人口出版社，2013.10

ISBN 978-7-5101-2039-8

Ⅰ．①蒙… Ⅱ．①佟… Ⅲ．①婴幼儿—早期教育—基本知识 Ⅳ．①G61

中国版本图书馆CIP数据核字（2013）第233709号

蒙台梭利经典早教智慧

佟文霞 编著

出版发行 中国人口出版社
印　　刷 北京盛兰兄弟印刷装订有限公司
开　　本 820毫米×1400毫米　1/24
印　　张 10
字　　数 200千
版　　次 2013年10月第1版
印　　次 2013年10月第1次印刷
书　　号 ISBN 978-7-5101-2039-8
定　　价 36.80元

社　　长 陶庆军
网　　址 www.rkcbs.net
电子信箱 rkcbs@126.com
总编室电话 (010) 83519392
发行部电话 (010) 83534662
传　　真 (010) 83515922
地　　址 北京市西城区广安门南街80号中加大厦
邮政编码 100054

前言

我，是宝宝妈妈，

我，是宝宝爸爸，

我们是缔造优秀宝宝的“黄金搭档”！

——这是每个家长的心愿！

可是，为什么在“缔造优秀宝宝”的事业中屡屡受挫？

——为什么孩子动不动就不高兴？为什么喂他饭他也不吃？为什么跟他讲了半天大道理，他就是不听，甚至是故意跟你对着干？为什么批评他，他也接受，但还是我行我素……

学习了书里面的各种育儿方案，可是为什么到自己孩子头上就不灵了呢？

先问诸位家长朋友们几个问题：

在孩子做某件事情的时候，你是否以各种理由去打断过他？而最让孩子受伤害的理由就是“你做这事没意义”！

你是否觉得孩子太小了，还不会做这样的事情（如家务活儿），结果你就阻断了孩子想模仿你做事的机会？

你是不是只顾着给孩子补充身体的“营养”，穿上漂亮的衣服，却忘了给他饥渴的心田降甘霖了？

你是不是总冲在前面，而不是悄悄地、耐心地观察孩子的一举一动，倾听他的心声？

……

如果有，那就不要怪孩子“不听话”“不高兴”“不……”了。为什么？翻开这本书，让蒙台梭利给我们解答吧！

Part 1
蒙氏教育智慧解读

Part 2
语言敏感期（0~6岁）

Part 3
秩序敏感期（2~4岁）

Part 4
感官敏感期（0~6岁）

Part 5

动作敏感期（0~6岁）

Part 6
书写敏感期（3.5~4.5岁）

Part 7
阅读敏感期（4.5~5.5岁）

Part 10
做好对孩子的纠正工作

蒙氏教育智慧解读

Mengshi JiaoyuZhihui Jiedu

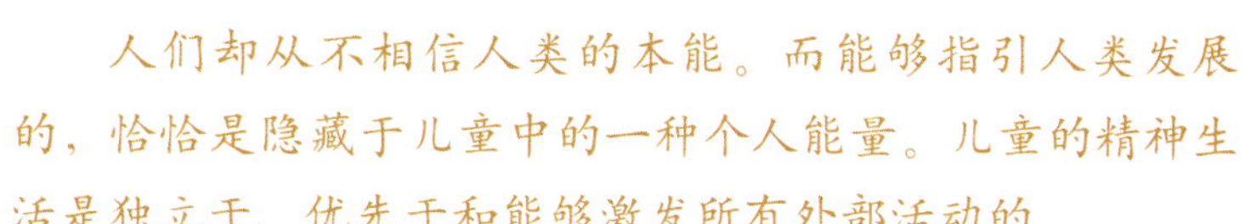

人们却从不相信人类的本能。而能够指引人类发展的，恰恰是隐藏于儿童中的一种个人能量。儿童的精神生活是独立于、优先于和能够激发所有外部活动的。

——蒙台梭利

婴儿在出生时满怀恐惧

蒙台梭利说：

1 新生儿出生时所面对的环境并不是一个自然的环境，而是一个已经被人们彻底改造了的环境；是人们为了自己更方便地索取，为了更安逸的生活方式，而建立的一个与自然环境相去甚远的环境。

当这些弱小的生命从一种环境进入到另一种环境时，他们不得不为此做最艰难的挣扎。但是人们又为新生儿做了些什么呢？一个人在他的一生，没有一个时期像在出生时那样经历如此剧烈的冲突和挣扎，并承受那样大的痛苦。这个时期理所应当值得人们进行认真的研究，但至今仍没有人这样尝试过。

2 当婴儿刚出生时，人们往往关心的是他的母亲。关心的是不能让母亲受到强光和噪声的干扰，但是对于这个来自毫无光亮和声音之处的婴儿又有什么保护措施呢？他也需要安静和幽暗的环境。他本来是在一个没有任何干扰、恒温的液体环境下长大的，但是就在一瞬间，他原来静谧、幽暗的环境改变了，变得处处都与原来的环境截然不同。他娇嫩的身体触到的是粗糙的硬物，并且还受到了粗心大意的成年人的生硬对待。

3 对于婴儿来说，他最好是能待在听不到街道噪声的平静安宁的房间里，而且房间里的光线和温度都要能够及时调控。

解读经典：

蒙台梭利非常强调婴儿的“精神”和“心理感受”，也一再提示大人们要注意环境对孩子身心方面的影响。如果我们认为弱小的婴儿没有任何感觉。那就错了，“一个人在他的一生，没有一个时期像在出生时那样经历如此剧烈的冲突和挣扎，并承受那样大的痛苦”。在蒙氏看来，婴儿是怀着极大的痛苦降生到这个世界上的，他理应有一个与他出生前相近的环境，并希望受到父母，尤其是母亲的关爱，以减少他的恐惧感。

1 为宝宝准备一个安静的房间，不要临街，不要有车辆的喇叭声等刺耳的声音。进入房间的人也要做到保持安静。

2 房间的光线、温度、湿度能及时调控。可以用窗帘来调整光线，不要有强光，幽暗一些。夜间照明尽量用瓦数低一点的灯，或者用暖光灯。温度和湿度都不要过低或过高，尽量接近宝宝出生前的情况。这样宝宝才能感受到安全。

3 注意保持空气和环境的卫生。感冒者最好不要进入宝宝的房间。

4 父母面对宝宝时，面部表情要平和或微笑。声音不要太高，语速不要太快。

5 不要过早给婴儿穿上复杂的衣服。对此，蒙台梭利曾说：“对婴儿呢，我们给他穿上漂亮的衣服，并且用花边和丝带把他打扮起来，这些使他不得安宁，这些行为无异于让一个刚分娩的母亲立刻起床着装去参加宴会。”

蒙氏经典活动

训练宝宝的小手

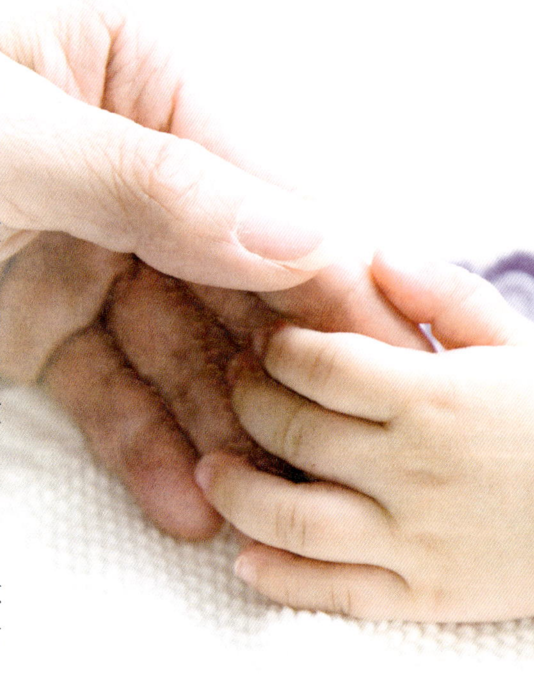

适宜年龄：0~3个月

活动开始啦：

1 刚出生的宝宝小手紧握，妈妈可以用手指“骚扰”他，宝宝这时会产生抓握的姿势。

2 在第一个月里，妈妈可以轻轻抚摸宝宝的手指，刺激他手部皮肤的感觉。

3 第二个月里，妈妈抚摸宝宝的手腕再到指尖，轻轻地屈伸宝宝的每个手指。或者妈妈把自己的手指放到宝宝手中，让宝宝抓握，并适时抽出，再放进去。

活动提示：

- 家长要注意手指的干净清爽。
- 动作要轻柔，要给宝宝以安全感和安慰感。注意掌握节奏，顺着宝宝的节奏来，而不是随心所欲顺着自己的节奏来。

儿童的教育应从出生那一刻开始

蒙台梭利说：

1 在每一个婴儿诞生的时候，我们可以发现一种神秘的、伴随着肉体的精神降临于人世间。

成人应该对新生儿的心理活动给予特别的关注。如果他一出生就有了心理活动，那么在成长过程中，他的心理将会发生巨大变化。如果我们把“教育”不仅理解为促进儿童智力的发展，而且还将它理解为促进他们心理的发展，我们就可以确信无疑地说，儿童的教育应该始于他们诞生之时。

2 就运动而言，人类的婴儿要比其他动物的发展慢。婴儿诞生时，这种能力几乎没有发展，尽管他已经能运用感官，并且对光、触摸、声音等有所反应。

解读经典：

孩子出世后，他不仅是作为一个“物体”存在的，他也是作为一个有“精神”、有“心理活动”的生命存在的。因此，家长不仅要关心孩子的生理活动，也应该关心他的心理活动。从这一点上说，对孩子的教育应该从他诞生之时开始。

婴儿在运动方面还不太成熟，但他并非没有感觉。他能对光、触摸和声音有反应。有人总结了宝宝除了会觅食、会吮吸、会对怀抱有反应、会抓握外，还有以下一些反应：

眨眼：当有物体或气流刺激新生儿的眼皮、眼角或睫毛时，他就会做出眨眼动作。这是一种本能的防御动作。

走路：扶着宝宝的两肋，把他双脚放在平面上，他就会做出迈步动作，两腿协调地交替走路。

游泳：如果宝宝俯卧在水里，他会本能地抬起头，同时做出协调的游泳动作。

惊跳：把宝宝突然放在床上，或者宝宝受到突如其来的声响刺激，他就会发生惊跳：张开手指，弓起背，头向后仰并把双臂伸直。

我们在教育宝宝时，也要注意宝宝的这些反应，避免做那些可能给宝宝心灵造成强烈刺激的活动，用恰当的方法打开他的心灵之门。

蒙氏经典活动

给宝宝做头部按摩

适宜年龄：0~3个月

活动道具准备：润肤油。

活动开始啦：

1 妈妈洗干净手，保持手的温暖，擦上润肤油。

2 轻轻按摩宝宝头部，并用拇指在宝宝上唇沿唇线画一个笑容，再用同一方法按摩下唇。

活动提示：

- 最方便做按摩的时候是在宝宝沐浴后或给宝宝穿衣过程中。
- 时间不要太长。一般对于新生儿，每次按摩不要超过15分钟，稍大一点儿的宝宝，可以20分钟左右，最多不超过30分钟。一般每天进行3次。
- 一旦宝宝不配合妈妈的时候，应该立即停止按摩。
- 切忌在宝宝吃得不饱或过饱的时候进行。

给宝宝听音乐

适宜年龄：0~1岁

活动道具准备：准备一首或两三首音乐或歌曲。曲风可以舒缓也可以欢快，但不要太强烈。

活动开始啦：

1 将播放器放在宝宝的一侧，播放音乐给宝宝听。

2 下一次换一个方向，播放音乐给宝宝听。

活动提示：

- 注意音量适度。不能太响。
- 这一项活动可以锻炼宝宝的听觉能力，宝宝一则会分辨声源的方向，二则也会分辨不同的声音。宝宝听到声音后转动寻找声源，这样还能锻炼宝宝的视觉、大肌肉，锻炼感觉统合能力。

孩子是一个心灵的“胚胎”

蒙台梭利说：

人类似乎有两个胚胎时期。一个在出生前，身体形成阶段，这是所有的动物都具有的；另一个是在出生后，精神方面的成长，这是人类所特有的，并使人类和动物有了很大的区别。

孩子就像一个发育着的心灵的胚胎，精神胚胎也需要外界环境的保护。这种环境充满着爱的温暖，有着丰富的营养，这个环境里的一切都乐于接纳他，而不是伤害他。

解读经典：

小动物出生后从站立到自由行动只需要几个小时，而人类的婴儿，出生后软弱得根本无法独自成活。与动物幼崽相比，人类的婴儿似乎看不出进步，其实，人类的进化主要体现在精神层面。父母应该帮助幼儿建立一个更适合其精神发展的外环境。

蒙氏经典活动

让宝宝感受到爱的怀抱

适宜年龄：0~1岁

活动道具准备：无。

活动开始啦：

1 妈妈怀抱宝宝，哼唱《摇篮曲》，边唱边有节奏地来回晃动。

2 也可以把宝宝放在摇床里、手推婴儿车里，来回摇晃宝宝，使宝宝感到舒适和安全。

活动提示：

- 注意安全。保证摇床、手推婴儿车的牢固。节奏不要太快，用力不要过猛。

与宝宝交流

适宜年龄：0~1岁

活动道具准备：无。

活动开始啦：在宝宝清醒的时候，妈妈和宝宝面对面，做出各种夸张的表情，如张嘴、吐舌头等，让宝宝模仿，边做动作边和宝宝“嗯、啊”地说，宝宝会迅速地学会模仿妈妈的各种动作。

活动提示：

- 这个活动可以锻炼口腔，而这些动作与宝宝学语言是有关的，是一种很好的发声练习。此外，还能锻炼宝宝的发声肌肉，同时也锻炼模仿能力。
- 这个活动还能让宝宝情绪愉快，增进亲情互动。

孩子的心灵有超强的吸收能力

蒙台梭利说：

1 我们所观察到的事实可以分为两类。一类显示孩子的心智在相当幼小的时期就可以吸收文化，而且只是凭借他自己的活动来吸收；另一类是个性的发展要及早开始。

2 人能变成任何一个无法事先估量和预计的类型。儿童时期的幼弱状态其实是他那将来富有特色的个性的温床……他将以最佳的注意力观察他周围的人，模仿他所听到的声音，从音节到词汇，由此学会说话。在与环境的接触中，他运用自己的意志来发展自己的各种功能。从某种意义上来说，他是自己的创造者。

3 成年人错误地以为是通过他们的照料和帮助，儿童才得以奇妙地被激发。他们把这种帮助视为是一种职责，想当然地认为自己是儿童的塑造者和精神生活的建立者。他们设想通过自己的指导和建议发展儿童的智力、情感和意志……

人们并没有意识到这个事实，即儿童有他自己的一种积极的精神生活。这是人们所面临的最大问题之一。虽然在当时儿童不能够把它给表现出来，而且儿童还必须经过一个漫长的时期才能秘密地完善这种精神生活。

儿童，他就像是在漆黑地狱里的一个渴望光明的灵魂，它诞生、生长，缓慢而又实实在在地使一个行为迟钝的肉体变得生机勃勃，用意志的声音呼唤它。然而始终会存在一个有着惊人力量的巨大的人站在那里，等待着猛扑过去并摧垮它。

解读经典：

儿童具有超强的吸收能力，而成人往往像个“有着惊人力量的巨大的人站在那里，等待着猛扑过去并摧垮它”。这对儿童来说是多么可悲的事情！正如蒙台梭利所言：“而实际上，这种态度会危及儿童的精神生活。这种态度使得人们不仅相信儿童的肌肉是不活动的，而且认为儿童本身也是软弱而迟钝的，没有自己的精神生活。”

因此，成人一定要改变观念，认识到儿童的“强大”的一面，而这一面是我们成人所不及的。成人所要做的是保护并发展这种强大的吸收力量，做到正确的照料和帮助儿童，让儿童的能力得以充分地发展，成为一个独立个性的人，而不是像机器制造批量大生产出来的一个“机器”。

蒙台梭利认为：“孩子之所以能集中心思于他脑子里的事，就是因为在前一个时期（0~3岁）他从环境所吸收的一切。”

新生儿降生到这个陌生世界上来，智力尚未成熟，因此不会有意识地去吸收各种信息。但他因为具备“吸收的心灵”这项内在的能力，它驱使儿童在潜意识中，从环境中大量地、全方面地吸收各种信息，然后内化成自己的东西。大约3岁以后，便转化成有意识地吸收。

比如刚出生的孩子，不会说话，但他能通过“听”和“看”积累说话的能力，待到他会说话时，语言的能力就开始发展了，而且会一发不可收拾。因此，在3岁以前，成人如果有意识地对孩子的“吸收的心灵”进行发掘，是能够为孩子将来的各项能力的发展奠定基础的。

蒙氏经典活动

我也会“跳舞”了

适宜年龄：0~1岁

活动道具准备：音乐。节奏感强，但不要太剧烈，以往的胎教音乐也可以继续用。

活动开始啦：

1 播放音乐。妈妈随音乐的节奏，拉起宝宝的双手做摆动动作。也可以轻轻抓住宝宝的脚腕随节奏做跳舞的动作。每次放下手脚时亲宝宝一下。

2 或者父母把宝宝轮流抱在怀里，随着音乐跳“交谊舞”。宝宝有时候会兴奋得手舞足蹈起来。并且会特别关注某一首曲子。

活动提示：

- 不要给宝宝听立体音乐，因为立体声进入耳道后，没有缓和与回旋的余地，会直接刺激宝宝的听觉器官，对宝宝的听力造成一定的损伤。
- 活动进行3~5分钟即可，不要太久，以免宝宝疲劳。
- 宝宝能反复使用四肢肌肉，锻炼四肢，将来能更好地翻身和爬行。乐曲与运动结合还能不知不觉培养宝宝的艺术感受力，使宝宝在愉快的情绪中形成良好的性格，对以后的人际交往和自制自省都有帮助。

发现并挖掘孩子的内在力量

ξ 蒙台梭利说：

1 婴儿的本能，不仅对他的身体成长和营养吸引起作用，而且对各种心理活动的成熟也起作用。这种本能在动物身上表现为物种的特性。

2 婴儿拥有一种创造的本能，一种积极的潜力，他能借助他所处的环境，构建起一个精神世界。

人们却从不相信人类的本能。而能够指引人类发展的，恰恰是隐藏于儿童中的一种个人能量。儿童的精神生活是独立于、优先于和能够激发所有外部活动的。

3 儿童不仅仅作为人类的一个成员，而且也作为一个人在发展。我们知道，他必然能够说话和直立行走，但他也必将表现出自己独特的个性。

4 事实上，儿童个性发展的关键在于他自身。他有自己发展的方式和必须遵守的规律。在儿童体内必定存在着一种微妙的力量，成年人不合时宜的干预会阻碍这种力量的发挥。从远古时代起，人们就开始干预这种自然规律，他们的行为阻碍了儿童天性的发展，也扭曲了人的本性。

ξ 解读经典：

蒙台梭利在这里强调儿童“有自己发展的方式和必须遵守的规律”。成人所要做的是发现这种特有的发展方式和找到这种“必须遵守的规律”，为孩子的成长起到配合和指导的作用，而不是越俎代庖地“包办”。

此外，成人还要注意到，“世界上没有两片相同的叶子”，孩子的个性也没有绝对完全一样的。因此，成人要尊重孩子的独特的个性，不要强迫孩子非要成为什么样性格的人。

有经验的家长这样总结道：有时候，我并不知道孩子到底要干什么，但我并不去干扰他的活动。我有意“走在孩子的后面”，先观察孩子的表现，通过表现找到规律性的东西，知道孩子处于哪个发展阶段，然后了解应该采取什么样的措施来辅助孩子的成长。这个家长的做法也许值得我们借鉴。

蒙氏经典活动

修一条通向长城的铁路

适宜年龄：3~6岁

活动道具准备：橡皮泥、“轨道”和“小火车”。

活动开始啦：

1 活动的前提是：孩子自己迷上了橡皮泥，喜欢用橡皮泥做出各种各样的东西，而且乐此不疲。家长A女士见孩子玩得满头满脸的都是泥，而且衣服上也粘着斑斑点点的泥。她并没有阻止孩子的“脏兮兮”的活动，而是看孩子喜欢便买了更多的橡皮泥，让他去做自己喜欢的东西。

2 一天，孩子正在一块块地做“砖”，并把这些“砖”码成长城城墙的样子。

3 A女士在取得孩子的同意后，也在孩子的“指导下”用橡皮泥做出一块块的砖，然后“请示”孩子放在哪里，得到“指示”后，把砖放在相应地方。

4 最终城墙码好了。

5 然后孩子拿出自己的塑料“轨道”和“火车”，把“轨道”与长城连接起来。高兴地说：“我们修了一条通向长城的铁路！”

活动提示：

- A女士的聪明之处是，没有因为怕孩子弄脏了，就断然阻止孩子的“工作”。她反倒支持孩子，而且在孩子进行活动时，主动参与其中，与孩子一起分享这个“创造性”的过程中的喜悦和成功的快乐！
- A女士这样做是很聪明的。她没有自己出头说“这里应该怎样做”，而是把自己放在“学生”的位置上，让孩子指导自己。这样引导出孩子的判断力，让孩子自己去判断应该怎样安置妈妈做的每块“砖”。

注重孩子心理和生理发展的密切关系

蒙台梭利说：

1 出生开始，我们就应该试着从孩子一些难以捉摸的行为去观察他的心理发展，并找出生命最初几个月可以做出分辨的模式。

2 心理的压抑会影响新陈代谢，并因此降低了一个人的活力，那可以肯定，相反的情况也会发生。富有刺激的一种心理体验能够增加新陈代谢的速度，并因而促进一个人的身体健康。

3 儿童是通过个人的努力和从事各种活动成长起来的，因此，他的发展既依靠心理的因素，也依靠身体的因素。对于儿童来说，能够回忆起他获得的印象，并把它保持得清晰、明确，是极为重要的。因为一个人是通过他所获得的感官印象来形成智力的。正是通过这种秘密的心灵工作，儿童的理性才得到发展。并且归根结底，是理性使人区别于非理性的动物。人是能够用理性做判断的，并通过意志的作用，决定他自己的行动方向。

解读经典：

在她的著作中，蒙台梭利曾不止一次地强调，要注意幼儿的心理发展和生理发展之间的密切的关系。因此家长和教师一定要注意，儿童在生理上有什么反常的反应时，很多情况下，往往根源于心理出现了问题，这时就要求成人悉心了解情况，找到应对办法，帮助儿童走出这种反常状态。

在日常生活中，要注意锻炼儿童身体与心理的共同发展。只有这样，才能让儿童的理性得到锻炼，“并通过意志的作用，决定他自己的行动方向”。试想，如果一个在情绪化中哭闹的孩子，他怎么可能表现出理性的行动呢？

蒙氏经典活动

宝宝会端水了

适宜年龄：2~6岁

活动道具准备：水杯一个，在水杯的2/3处画一条红线。

活动开始啦：

1 鼓励孩子去厨房的水龙头处接水，接到水流至红线处，关掉水龙头。

2 然后让孩子把水端到客厅里，放在茶几上。

3 对孩子完成任务进行鼓掌。如果孩子还是不小心洒了水，就告诉孩子怎样把洒水的地方擦干净，然后鼓励他多做几次，直到他最后成功。

活动提示：

有的家长非常怕孩子“干活儿”，认为他们年龄太小，干不了。就比如端水这种事情，家长宁可自己去端，也不让孩子去端，因为怕他们弄洒了，自己还要费事去擦干净。其实，这种做法是不可取的。家长应该告诉孩子接多少水，然后让孩子在走路过程中保持身体的平衡，不要大幅度地摆动四肢，尽量不要洒水。家长注意不要用嘴说，

要用自己的亲身行动去示范给孩子看。这样孩子可以有以下的收获：

1 学会如何去跟父母学习做　件事（比如端水），知道注意哪些事项。

2 训练孩子的眼力和臂力协调能力，做事聚精会神，并体验“独立”的滋味，而且能有秩序地完成一件工作。

3 通过四肢协调的活动，使孩子智能与体能得到锻炼，同时培养了孩子独立做事的人格。

4 树立了孩子虽然工作没做好，但不气馁，慢慢学习，直到成功的意志力。

由此，孩子的生理、心理和意志经过不断活动，变得越来越进步。

细心观察孩子的心理需要

蒙台梭利说：

成人一定要学会敏锐地观察出孩子的需要，只有这样，我们才能给予孩子他所需要的任何帮助。倘若我们想要拟订一项育儿原则的话，必须让孩子参与我们的生活将是首要的一项。因为孩子在成长期间必须要学会模仿大人的很多行为举止，如同失聪的人没有办法学会讲话一样。当我们要求大人延长孩子在自己身边的时间，允许孩子参与我们的生活时，他们总是感到有所困难，但事实上这样做不必花一毛钱，它完全仰赖成人情绪上的调整。一个不会仿效大人行为的孩子，一个不会开口问问题的孩子，他简直就像没有灵魂存在着一样。

解读经典：

“必须让孩子参与我们的生活”，这是一句非常值得深思的话。我们的家长为了让孩子得高分，天天逼着孩子学各种知识，却不知道怎样教育孩子学会生活。甚至有的孩子都上大学了，连基本的自理能力比如如何洗衣服都不会。孩子不仅仅是凭着高学历、高知识就可以应对这个世界上的各种情况的，这个世界首先需要的不是有多高才干的人，而是一个会生活的人。那么为什么有些孩子们不会生活呢？

因为家长从来没有有意让孩子从小就参与到生活中来。其实，如果让孩子参与生活中的各项活动，不仅能锻炼孩子的身体、智力，还能使他的心理素质得到提高。

仔细想想，是不是我们成人不经意间，就抹杀了孩子的生活能力？有多少家长看孩子动手做家务时，以各种理由去阻止他？

给孩子成长的机会，就从生活中开始吧。

蒙氏经典活动

我会打扫卫生了

适宜年龄：2~6岁

活动道具准备：儿童可以使用的小扫帚、小畚箕、小抹布、垃圾桶。

活动开始啦：

1 妈妈开始打扫卫生的时候，用愉快的语气大声宣布："妈妈要打扫卫生了，宝宝过来帮忙。"先扫地，吩咐宝宝去拿他自己的小畚箕。然后母子二人一起打扫。扫完把垃圾扫到畚箕里，然后把垃圾倒入垃圾桶。结束后把扫帚畚箕放回原位。

2 扫完地了，妈妈假装思考的样子："下一步该干什么呢？哦，应该擦擦灰。"给宝宝一块小抹布，开始擦家具。这时可以分配给宝宝一个适合他的高度且面积不太大的家具让他擦。

4 对宝宝所做的事情提出表扬，并期望宝宝会做得更好。

活动提示：

- 满2岁以后的宝宝逐渐开始抢妈妈的活干，可乘机让他帮忙做家务，既避免了他捣乱，还能培养自理能力，并让他学会配合、服从指挥。
- 带着宝宝做家务的时候要注意不能让宝宝接触那些有危险性的物品，比如天然气、灶具等。

运动可以促进孩子的心灵发育

蒙台梭利说：

1 我们如果只从身体的角度来考虑运动，那就错了，要知道，从事体育运动能使人得益。这类运动不仅仅有益于身体健康，而且还能激发勇气和自信。运动还有一种精神上的影响力，能提高人的理想和唤起旁观者的巨大热情。这些心理上的影响意义要比纯粹身体方面的影响深远得多。

2 运动对儿童极为重要。运动是一种创造性能力的外在体现，它能使人类更加完善。通过运动，人类对外界环境起作用，进而完成自己在这个世界上的使命。运动不仅仅是一种自我表现，更是意识发展不可或缺的因素，因为运动是自我与客观环境建立一种明确关系的唯一真正途径。因此，运动或身体活动，是智力发展的一个基本因素，因为智力的发展有赖于从外界获得感官材料。通过活动，我们接触了客观现实，并借助于这些接触，获得了抽象概念。

解读经典：

蒙台梭利从人与环境的关系角度来看运动这一问题。运动既能使儿童智力得到发展，也获得了抽象的概念。此外还能培养儿童的情商，提高他们的勇气和自信力。因此，成人要注意采取针对儿童特点的运动方式来对儿童进行运动锻炼。

此外，有些运动也许不适合儿童，存在一定的安全问题，这里就需要家长出面，来帮助克服这些问题，以保证孩子的运动能够顺利进行。

蒙氏经典活动

和妈妈扔沙包

适宜年龄：8个月以上

活动道具准备：一个小沙包（装少量填充物，如荞麦皮等，边长2.5厘米左右）。

活动开始啦：

1 让宝宝坐在床上，妈妈面对着宝宝坐，距离30厘米左右。

2 妈妈拿起沙包，吸引宝宝注意，轻轻将沙包扔到宝宝面前，鼓励宝宝接住。

3 帮助宝宝捡起沙包，指导宝宝将沙包扔给自己。

4 视宝宝的兴趣重复几次。

活动提示：

- 可以帮助宝宝锻炼上肢肌肉力量，提高宝宝肌体控制能力，促进宝宝空间感知能力的提高，加强对距离的感受。
- 通过和妈妈互动，也使得宝宝锻炼了与外界交往的能力，良好的动作技能可以使宝宝日后更容易被同伴所接受。

注重孩子心理和生理发展的密切关系

蒙台梭利说：

在执行意志的命令时，一个人的身体必须不断地进行复杂的动作。由于意志只有通过动作才能得以实现，因此，当儿童试图把意志付诸行动时，我们应该帮助他。儿童有一种天生的欲望，就是能自由地支配自己的运动器官。如果他不能这么做，他就无法表现他的智力。因此，意志不仅仅用来指挥行动，还能促进心理发展。

解读经典：

既然儿童喜欢独立完成工作，而且喜欢一丝不苟地进行他的活动，作为家长，就应该给孩子进行独立活动、独立研究与解决问题的机会，培养他们自己做出选择并解决问题的能力。在这一过程中，孩子要克服自身能力的局限以及客观存在的困难，而正是这种过程，使其意志得到了锻炼。家长一定要记住：给孩子机会。否则，就会让孩子的智力无法表现，也不能锻炼其意志力。正如苏联著名教育家苏霍姆林斯基说："如果大人不让孩子付出努力而去满足他的愿望，那么，在孩子将来的生活中优良的意志品质就会越少。"

一般来说，家长可以通过以下方法激发孩子的意志力：

1 制定一个短期或长期的目标，让他去努力实现。这个目标要因孩子的具体生理和心理特点而定。比如你不可能让一个3个月大的孩子去跑完很长的一段路。在这个目标的引导下，孩子会努力奋斗去实现目标，从而锻炼了他的意志力。

2 凡事尽可能让孩子自己去做。比如穿衣、吃饭、收拾玩具、做作业等。孩子在做这些事情时要克服外部困难与内部障碍，而这一过程正是锻炼其意志的过程。

3 有意识地给孩子设置一些小障碍。比如，让孩子多走一段路，让他参加那些对他来说并不怎么感兴趣的活动。通过增加孩子活动的难度，可以锻炼他克服困难的能力，并提高他的意志力。

蒙氏经典活动

我会包饺子了

适宜年龄：2~6岁

活动道具准备：饺子皮，饺子馅，小勺子。

活动开始啦：

1 大人在包饺子。2岁半的小A忍不住也想“凑热闹”。他学着妈妈的样子拿起一个饺子皮，可是却有些茫然。大人们开始只是希望他不捣乱，给他洗干净手，让他拿个饺子皮玩而已，没想到他还真想包。

2 小A愣愣地看着妈妈的手好半天。妈妈起初没注意到他。等他着急地说：“啊！啊！”的时候，才发现他因为没看清楚怎么包，竟然急得“啊啊”地叫起来。看着儿子一脸的烦躁，妈妈虽然急着把饺子包完，但还是稳定了一下情绪，然后冲着小A一笑：“来，看妈妈怎么包。”

3 说着，拿起一个饺子皮，然后用小勺子舀出多半勺馅儿，放在饺子皮上。然后，把饺子皮对折，一手托着，另一手拇指、食指和中指并拢，把饺子皮用力捏上。然后把饺子放在了案板上依顺序排列起来。

4 妈妈这样示范了大约有10分钟。小A看明白了。自己也颤抖着小手，学着妈妈的样子，包起饺子来。虽然他最后费了大概有20分钟的时间终于把“饺子”包好了，但是妈妈并没有批评他：“太笨了，包了这么半天！”而是表扬他：“真棒！”

活动提示：

- 这个妈妈很聪明。在发现孩子对包饺子有兴趣且因为不知道怎么包而着急时，她控制住了自己急着把饭做好的心态，放下手中的活儿，给孩子慢慢地做了示范，终于让孩子学会了包饺子。虽然孩子包出来的饺子严格意义上讲，是不合格的、不完美的，但孩子通过做自己喜欢的包饺子这个“工作”，学会了观察、理解、记忆，并把自己学到的东西用在现实的活动中。而且通过这一活动，他前后花了半个小时的时间终于包成了饺子，这说明这孩子多么有耐心啊。
- 这样的孩子应该鼓励才是！

激发孩子的想象力

ξ 蒙台梭利说：

在建立他的心智世界的过程中，他先从家里的长辈那儿收集了许多词汇，再用他的想象力将其拼凑起来。眼下6岁以下孩子的想象力，一般都耗在玩具或虚幻故事上，我们的确可以让他们想象真实的事物，把他放在与环境更精确的关系上。

ξ 解读经典：

孩子们的想象力是多么丰富啊！可是，正如蒙台梭利所说，成人们往往把孩子的想象力虚耗在玩具或虚幻故事上了。在我们现在的社会背景下，还耗费在了电视或网络中的各种动画片上。我们应该把孩子的想象力着眼于“真实的事物”，“把他放在与环境更精确的关系上”。

由此，我们要做到：

1 丰富孩子的生活经验，鼓励孩子多实践，引导孩子学会观察，获得感性的认识，发展孩子的表象。“表象”是什么呢？比如我们说具体的鸡蛋，这时候孩子的头脑中就会出现“鸡蛋”的样子。这个样子就是表象。孩子表象的积累越多，就越容易将相关的表象联系起来，这也就是想象发展的过程。

2 给孩子提供有助于激发想象的环境和机会，引导儿童积极思考，打开想象的大门。比如在家里经常就某些活动激发孩子的想象力。多带孩子去公园、动物园、科技馆、博物馆等地方，带孩子积极参加各种科技、文艺、体育活动，不断丰富生活经验，为发展良好的想象力创设条件。

3 尊重孩子的独立思考，不要扼杀孩子的想象力。孩子的思维会随着年龄的增长而成熟，他们会思考，会理解，会模仿。遇到问题时，会运用自己的智慧去独立思考并解决问题，这时候家长不要打扰他，要鼓励他进行独立思考。只有孩子真正地用脑去思考问题的时候，才是想象力诞生的时候。

当孩子说出他的想法时，不要从成人的角度来判断对和错。要试着用孩子的思维方式和心理特点去理解。也许孩子会说“月亮上有条毛毛虫”，在成人思维里会觉得这是错误的，但是不要因此就否定孩子的想法。要对孩子说：“你怎么知道的呀？”引导孩子讲出他为什么得出这个说法。

蒙氏经典活动

我终于把拼图做完了

适宜年龄：2~6岁

活动道具准备：拼图，因年龄大小不同，难易程度有别。

活动开始啦：

1 宝宝在努力地拼着图，都拼了有一个小时了。可是吃饭时间到了。是让他继续拼图？还是让他先吃饭？他不会累了吧？

2 让他先拼吧。他拼完了再让他吃饭。

3 拼图结束后，宝宝的成就感，比吃饭更重要。

活动提示：

- 宝宝在做拼图工作时，是非常投入的。家长可以让他继续去做，而不要以为他累了或到吃饭时间了，就阻止他继续拼下去。让他先拼完，并对他的拼图结果表示鼓励。然后再让宝宝洗手吃饭。如果半途劝说宝宝吃完了再拼：一则会让宝宝因为自己的活动受到另一件事情的“阻碍”而心中不快，导致影响他的食欲，吃不好、喝不好，宝宝的身体怎么能长好？二则会让宝宝形成一种“半途而废”的做事风格。
- 如果怕宝宝因为拼图赶不上吃饭，就可以安排宝宝做稍微简单的拼图。或者家长可以和宝宝一起做，但是要得到宝宝的允许，而且还要用“启发”式的教导，切不可上来就把图片直接安到原位。

尊重孩子的潜在生命力

蒙台梭利说：

1 儿童成长并不是因为给予他营养，也不是因为他可以呼吸，更不是因为有了他适宜的温度条件，他成长的根本原因是因为他潜在的生命力在发展，这种发展是可以看得见的；是因为他生命的胚胎正在按照生物遗传规律发育壮大。青春期的到来不是因为孩子的欢笑、跳舞和做体操或者有良好的营养，而是因为他已经到了那个特定的生理时期。生命本会表现它自己，也就是说，生命是自我创造的。反过来，生命的发展又受到了某些无法逾越的规律的限制和束缚。物种的固有特性不会改变，只会出现某些变异。

2 每个成人都必须了解孩子的需要，同时要抑制自己是孩子生命塑造者的虚荣心态。

我们目前似乎只注意到孩子对新鲜空气和阳光的需要，这两样东西的确不可或缺，但它们只对身体有益。但是，即便亮丽的阳光洒满了孩子全身，孩子的心灵里却连一丝光亮也没有，这就是因为成人用他的力量盲目无知地摧毁了孩子特有的——缓慢、脆弱且重要的内在建构工作。

解读经典：

“他成长的根本原因是因为他潜在的生命力在发展，这种发展是可以看得见的”——我们成人是否真正去观察这种生命力的特点了？

“生命本会表现它自己，也就是说，生命是自我创造的。”——我们成人是否尊重生命的这种自我创造了？

仔细想想，我们是否用自己的力量“盲目无知地摧毁了孩子特有的——缓慢、脆弱且重要的内在建构工作”呢？

你觉得你没有。但是事实上，我们每一句话、每一个眼神、每一个动作，也许都正在摧毁孩子的生命力。

“看，我教育的孩子多棒！”——对有这种虚荣心态的成人，蒙台梭利告诫道：“成人要抑制自己是孩子生命塑造者的虚荣心。”我们所能做的就是辅助孩子完成他的生命建构工作，而不是直接取代他去对他进行“建构”。

蒙氏经典活动

我要自己来走

适宜年龄： 2岁以上

活动道具准备： 无。

活动开始啦：

一天，一位爸爸带着他2岁大的女儿小M在散步，小M突然一屁股就坐在了路边。这位爸爸想立刻像护花使者似的赶紧走过去把女儿抱起来，并哄着："乖乖，不小心摔倒了，不怕啊不怕。"但他终于克制住了自己：孩子的路需要自己去走。于是他在一边耐心地等小M自己爬起来后继续走。小M没有哭闹，自己爬了起来，继续向前走。她甚至都不知道爸爸的心里经历了这番"波折"呢。

活动提示：

- 这位爸爸很聪明。因为他意识到了"孩子的路需要自己去走"的道理。是啊，如果在孩子很小的时候你就当他的拐杖、守护神，一旦你这拐杖年深日久变得脆弱了，你这守护神也因为年纪大了而消亡了守护能力时，你的孩子怎么去独立面对他所要面对的世界呢？也许他连基本的自己走路的动作都一直没学会！这是多么可悲的事情！而他之所以没有学会，源于他年纪幼小时，父母对他的"包办"式的关怀。
- 我们常看到，有些孩子在跌倒了或者遇到诸如此类的问题时，便会大哭，而且还会伸着手冲大人一脸委屈哇哇地叫着，以让大人来帮助他。其实，我们仔细想想，孩子第一次遇到这种问题时，他是否是这样子？往往是我们太过于关注他了，让他的第一次都没有自己去独立面对，独立解决掉，所以才导致了他产生依赖心理，甚至是产生了"要挟"心理：你不帮我，我就哭，我就闹，直到你来给我做！
- 孩子之所以成为这个样子，过错在哪里？不在孩子，在大人。是大人从一开始就让孩子的生命建构失去了主动权。

让孩子自己塑造自己

蒙台梭利说：

教育学家将小孩子和只有几岁大的幼儿定义为“软蜡”（ceramolle），意思是指，这时期的孩子可以加以适当的塑造。教育学家软蜡的观念本身并没有错，错就错在他们认为孩子必须由他们来塑造。与此相反，孩子必须自己塑造他自己，这是一个基本的观念，因为孩子是非常能够自动自发的，这可以从孩子用来表达他自己的各种方式来确认。而大人——这个孩子眼中无所不能的大师，却有可能盲目、粗鲁，又不恰当地介入，把孩子开始在自己的“软蜡”上画出的轮廓破坏掉。即便是把大人的这种干扰行为称为邪恶，也一点不为过。

在孩子这段如此敏感的时期，教育是何等重要——事实上，这一时期的教育工作，比接下来的任何时期都要重要。为了避免成为孩子正常发展的阻力，大人一定要保持顺应的态度，绝对不能盲目地、不合时宜地干预孩子。我们必须选择正确的途径，用我们敏锐的感知力去了解孩子，并能正确地判断什么样的行动才是帮助孩子发展所必需的。我们一定要控制自己的行为，以免造成破坏。做出创造的人应该是孩子，而不是大人。

解读经典：

“把大人的这种干扰行为称为邪恶，一点也不为过。”这句话说得多么严厉！但是如果知道孩子在“软蜡”时期的自我创建工作是何等重要——“这一时期的教育工作，比接下来的任何时期都要重要”——就可以理解蒙台梭利为什么这样批评大人的干扰行为了。

就如雕塑一件艺术品，成人不要以为孩子不懂艺术就对孩子的雕塑工作横加批评，或进行“指导”。成人“一定要控制自己的行为”，“必须选择正确的途径，用我们敏锐的感知力去了解孩子，并能正确地判断什么样的行动才是帮助孩子发展所必需的”。只有这样，才是真正的帮助孩子，否则就是破坏。

蒙氏经典活动

让我听完钟声再走

适宜年龄：2岁以上

活动道具准备：无。

活动开始啦：

妈妈带孩子散步，这时从广场那边传来报时的钟声。孩子就停下脚步，想听完钟声再走。孩子的脸上带着神往而投入的神情，明显的，他的心情是很愉悦的。妈妈却不顾这些，责怪孩子，并催促他赶快走。

活动提示：

- 妈妈只顾自己赶路，却“盲目、粗鲁、又不适当地介入”了孩子的听钟声的活动中，打断了孩子的活动，从而让孩子的细小心理产生了被动的挫折感。
- 钟声最长的时间不过是敲12点时的声音，12下钟声加在一起，也应该不会超过一分钟时间。这一分钟的时间并不能耽误妈妈什么，而打断孩子听钟声，就是打断了孩子积极探索的精神，打断了孩子投入地去做一件事的意志。
- 这时，妈妈应该耐下心来，等孩子听完再走。并指给孩子看：“那钟声是从那里传出来的。”让孩子把声音与具体声源联系在一起。这样一来，不仅让孩子获得了愉悦的心情，还让孩子学会了联想能力。这样做，不是比有负面作用的打断好得多吗？

对孩子的人格表示尊重

蒙台梭利说：

1 我们要强调的是，与所有人类一样，孩子本身也有其独特的人格。孩子那神奇而富有尊严的创造力绝对不能被人抹杀，孩子纯真敏感的心灵，更需要我们小心翼翼地呵护和照顾。我们不能只想着要保护孩子娇小柔弱的身体，不能只记得要喂孩子吃东西，帮孩子洗澡，帮他们穿衣服。没有人可以光靠面包活下去，这句话用在一个人的童年生活上是再适合不过的了。物质在此阶段是最不重要的，而且物质可能导致任何年龄的人堕落。受物质奴役的小孩和大人，都会深感自卑，尊严尽失。

2 我们接着应试着去更加了解孩子的人格。不论我们所教育的是新生儿还是年纪大一点的孩子，教育者的首要责任应是去觉察孩子的人格，并予以尊重。当我们因为怕孩子吵闹而不让孩子和我们在一起时，我们就表现出对孩子的不够尊重。在成人的世界里，让大人觉得欢乐舒适的事，对孩子也照着做，准不会错。

解读经典：

到底怎样才是关爱孩子？是吃喝住行都由大人全面代劳，还是让他们自己去做？如果给孩子足够的衣食就是关心孩子的话，那么是不是说越是给孩子穿漂亮的衣服，越是给孩子吃好吃的东西，就越是对孩子关心呢？看罢蒙台梭利的话，我们发现这样做是错误的。因为我们忽略了孩子的人格。

孩子是有人格的。蒙台梭利曾举过这样一个例子：当我们正在吃晚餐时，孩子却在另一个房间里哭哭啼啼。她接下来分析说，孩子之所以这样哭闹，“那是因为他被单独隔离在一边了，显然我们对成人就不会如此不尊重而把他一个人关在房子里”。那么成人应该怎样做？把孩子当成一个“人”，让他和我们坐在一起吃饭，而且应感到这是我们的“荣幸”。我们应该乐于见到孩子，并让孩子和我们亲近。因此，作为家长，应该利用一切机会，给孩子以“荣幸”的感觉。让他参与到你的活动中来。这样一来，亲子的感情得到交流的同时，也为孩子培养健全的人格提供了一次难得的机会。

蒙氏经典活动

和爸爸妈妈一起搭积木

适宜年龄：2岁以上

活动道具准备：积木。

活动开始啦：

1 大人提议，说自己想搭积木，问孩子愿不愿意一起来做？孩子愿意后，大人先用积木搭一辆火车或汽车，让孩子说出所搭的物品是什么。

2 然后和孩子一起用积木搭成各种形状的物品，如高楼、火车、小桌子、椅子、沙发、船、小房子、雨伞等。

3 孩子会搭之后，他自己会随心所欲地搭各种自己喜欢的东西。

活动提示：

- 邀请孩子一起加入搭积木的活动中，这样会让孩子有一种受到尊重的感觉。
- 积木最大的优点就在于它的“多变”，玩积木最大的好处就是可以培养孩子的想象力和创造力，同时能锻炼孩子的耐心。
- 发展宝宝手的精细动作和想象力，锻炼宝宝手、眼、脑等器官协调并用的功能，发展宝宝的立体感，从而开发其右脑。

让孩子在独立的道路上前进

蒙台梭利说：

1 当儿童长大到能够独立行动的时候，他与成人之间的矛盾也就开始了。正在成长的儿童与成年人各自不同的心态的确差别很大，如果双方不做一些调整，他们就无法和谐地生活在一起。我们不难看到，这些调整是对儿童不利的，儿童弱小无力，只好任人摆布。儿童的行为如果与成人的需要不一致，就会不可避免地遭到限制。尤其是当成人没有意识到自己的自我保护心态时，他们反而会相信自己确实给了孩子深厚的爱和奉献。

2 有效训练孩子的所有教育活动，都必须帮助孩子们在独立的道路上前进。我们必须帮助他们学会走路，学会跑，学会上下楼梯，学会捡起掉落的东西，学会自己穿衣服和脱衣服，学会自己洗澡，学会清楚地讲话，并清楚地表达自己所需要的东西。我们必须帮助他们，使他们有可能达到自己的目标和欲望。所有这些都是独立教育的一部分。

3 成人一旦给儿童一定的活动空间时，儿童就会立即叫起来："我要做这个！"但在我们的学校中，为儿童提供了一个他们需要的环境，儿童会说："让我自己做，这会对我有帮助。"这些话显示了他们内在的需要。

ξ解读经典：

很多情况下是这样的：孩子自己有手，却不会用筷子给自己夹菜，以至于都上小学了，还不会自己夹菜吃；孩子有脚，却不能走太远或稍难的路，他宁可不走。为什么？因为在成人的“教育”下，他的手脚功能已经“退化”了。

蒙台梭利曾严肃地批评道：“不要把孩子当洋娃娃一样，我们总是习惯性地伺候孩子。这不仅是在奴化他们，而且还很危险，因为这将抑制他们有益的、自发的活动。”她指出，成人“从来不会停下来想一想这些什么都不知道的孩子的感受”。她不止一次地在论著中表达这样的意思：“孩子必须自己做这些事情。大自然赋予了他们进行各种活动的身体条件和学会如何去做的智力因素。我们对他们的责任是，在任何时候帮助他们实行大自然所赋予他们的有益活动。”

而且，蒙台梭利还从尊严的角度谈到，大人这样做对儿童心灵造成的伤害：“如果喂养孩子的母亲没有尽一点力教孩子自己去怎么拿住勺子，然后把它放到嘴里；没有给孩子亲自示范她是怎么做的，这样的母亲就不是一个好母亲，她就伤害了她孩子最基本的尊严。她把他当作洋娃娃一样看待，而不是当作大自然委托她照管的一个人看待。”

那么，我们应该怎样维护孩子的尊严呢？让他自己去做吧！

蒙氏经典活动

让我自己洗脸吧

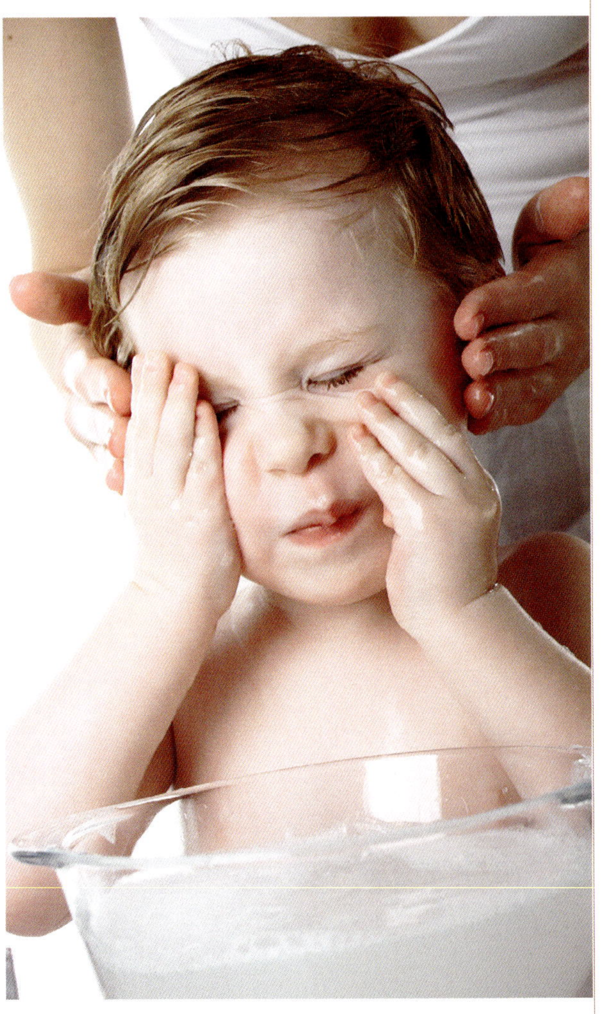

适宜年龄：3岁以上

活动道具准备：装好适量且温度适宜的水的脸盆、宝宝专用洗面奶、毛巾。

活动开始啦：

1 大人可以指导宝宝自己先用手蘸上水，抹在脸上，把脸抹湿。然后在小手掌上涂上洗面奶，涂抹均匀后，让宝宝抹在脸上，轻轻地摩擦。

2 再低头蘸水，把脸洗干净。然后用毛巾把脸擦干。

活动提示：

- 宝宝2岁多的时候就有学做小大人的欲望了。如果你细心观察，会发现你梳头的时候，他自己也学着你的动作在头上“挠来挠去”的。当看到大人洗脸的时候，他也想自己洗脸了……诸如此类的事情。这时，家长可以趁机教他做他感兴趣的事情，使他的自理能力得到锻炼。
- 家长要做的是，不要对孩子过于苛求。他不可能一次就超级完美地把事情做好。要给他的肌肉以锻炼的机会。慢慢地，他的动作就变得精细了。

不要成为孩子成长的障碍

蒙台梭利说：

1 我们所持的基本的教育观念是，我们绝对不能变成孩子发展的障碍。明白必须做的事，既不是很简单，也不是很难，最困难的是，要了解有哪些先入为主的观点和无益的偏见必须去除，只有这样才能教育好孩子。

2 儿童需要一个生机勃勃的环境。这个环境不是为了让儿童去征服或者享受，而是能帮助儿童完善他们的活动的一种手段。很明显，只有了解儿童内在需要的人才能为他们提供这样的环境。因而，我们的教育理念既不同于那些为儿童包办一切事情的想法，也不同于那种让儿童处于一个消极被动的环境中的观点。

因此，仅仅为儿童准备一些大小适合他们身材的用品是不够的，成人还必须受到训练，知道如何去帮助孩子们成长。

3 老师要做好特别的准备，因为不是单单通过逻辑思考就能解决孩子的问题。我们必须了解孩子前一阶段的发展情况，放下先入为主的观念。对待3~6岁孩子的心智，我们必须有很大的机智与灵敏。孩子从环境学的比从老师那儿学的要多，老师只需站在一旁，在孩子有要求时给予帮助就够了。

解读经典：

经常有这样的矛盾产生：大人认为对孩子好的活动，孩子却不想进行，只想做他自己想做的事情。大人认为需要对孩子进行指导的，孩子却认为是大人打扰了他，而不喜欢。其实，教育孩子不难，难的是如何让大人学会教育孩子。

大人首先要放下先入为主的观念，去除无益的偏见，了解孩子前一阶段的发展情况，好好学习如何帮助儿童成长的理念与技能。其次大人要为儿童提供一个“帮助儿童完善他们的活动”的环境。然后，就是站在一旁，让儿童从环境中学习，成人只需在必要的时候给予帮助即可。只有这样，成人才不会成为儿童发展的障碍。

蒙氏经典活动

请让我看月亮吧

适宜年龄：2岁以上

活动道具准备：无。

活动开始啦：

月光皎洁，孩子小W不想睡觉，只想去看看天上的月亮。可是，是看离地球那么远的月亮重要，还是让孩子好好睡一觉重要？

爸爸问小W为什么想看月亮，小W说，因为电视里说月亮很美。

爸爸看了看妈妈，交换了一下眼神，那意思是：小小的年纪，他知道什么是美吗？但是，既然孩子觉得美，那就应该让孩子看一看。于是爸爸妈妈商量后，决定尊重孩子的意见，带孩子出去看月亮。

因为是深秋，天气已经很凉了。因此家长准备了厚厚的衣服。大人们和孩子一起穿好衣服之后，来到外面。

爸爸妈妈拉着孩子的手，一起仰头望着月亮。而且在看的过程中，孩子还问了一些问题。这些问题有的是爸爸妈妈能够回答的，有些是不能回答的，但爸爸妈妈答应他，会查资料找答案，找到答案一定会告诉他。后来爸爸妈妈问孩子："今天的月亮美吗？"孩子说："很美。""哪里美啊？""它圆圆的、亮亮的，好美啊。"孩子的语气里满是赞叹。

愿望满足的孩子，睡觉的时候带着甜甜的笑。

活动提示：

蒙台梭利曾在著作中提到一个类似的案例：一个小孩子跟蒙台梭利说，他很想看一样经常听人谈起的非常漂亮的东西——星星。原来这个孩子从来就没有看过星星，因为他很早就得上床睡觉。当时坚持让孩子早早上床的偏见在北欧地区非常盛行，对此蒙台梭利批评说："虽然这种偏见实在是缺乏根据，但我们却毫无异议地接受了它。"因此，这个孩子就在当时成人们的流行观念下，被剥夺了看星星的权力，只得不情愿地去睡觉。

蒙台梭利总结道：这个被规定要提早睡觉的孩子一定会觉得自己在从事内在建构工作时实在太累，因为他得被迫和大人进行拉

锯战，正是大人摧毁了他的建构过程，坚持要他去睡。

幸好，我们举出的这个活动中的父母很明智：当大人的意愿（让孩子睡觉，休息好）与孩子的意愿（看月亮）发生矛盾时，这对家长没有强迫孩子按着自己的意愿去睡觉。而是详细了解了孩子为什么会产生这样的愿望，并且带着孩子做好充分的准备，去外面观看月亮。在观看的过程中，家长还记得与孩子交流，回答孩子的问题，而解决不了的问题，家长并没有想当然地去妄下断语，也没有怕在孩子面前丢脸而支支吾吾，而是许诺要为孩子寻找答案，找到答案便告知孩子（当然，我们希望事后家长兑现了诺言）。这体现了一种科学的态度。

孩子提出愿望—大人了解愿望—满足愿望—交流心得，通过这个过程，看月亮的意义要比单纯地睡觉要有意思多了。如果孩子的愿望得不到满足，他的觉也不会睡得多么香甜。

纪律要建立在自由的前提下

蒙台梭利说：

1 在建立良好纪律的努力过程中，我们必须严格应用方法原则。纪律并不是通过说教实现的，没有人通过听其他人说教就学会了自律。纪律需要一系列完善的动作做准备，就像采用真正的教学方法一样。而纪律通常是通过间接手段来实现的，实现这一目标并不是通过指出错误并且改正，而是通过自觉工作过程来发展。

2 纪律必须通过自由来实现。这是一个奉行一般教学法的人很难理解的重要原则。一个人怎样才能在自由的班级里维持纪律？当然，在我们的体系中，纪律的概念同普遍接受的纪律观念不同。如果纪律是建立在自由基础上的，那么纪律本身也是需要灵活的。只有当孩子成为自己的主人并遵循一些生活规则时，他才能管住自己的行为，我们才认为他是一个守纪律的人。

3 孩子的自由应该被限制在集体利益之内。从行为方式上，他们要达到我们普遍认为的有好的教养。因此，我们必须察看孩子是否有冲撞或激怒他人的行为，是否有粗鲁或不礼貌的行为。至于其余的行为，不管是怎样的行为，表现为怎样的行为方式，教师一方面要允许，另一方面还必须进行观察。这是最重要的一点。

教师必须是一个被动的观察者，而不是一个主动并施加影响力的观察者。她的被动性应该表现为一种带着渴望的科学好奇心，而且必须绝对尊重她所观察到的一切。这个教师必须理解和遵守作为一名观察者的立场：灵活性就体现在现象中。

解读经典：

儿童是一个有着自主意识的，正在充满勃勃生机地向上成长，努力获得自我完善的“人”。对于这样的“人”，不应该采取“那种绝对的、不容辩驳的高压政策下的‘不许动’原则，也不能通过说教的办法，而是让儿童通过自觉工作过程来发展的”。“只有当孩子成为自己的主人并遵循一些生活规则时，他才能管住自己的行为，我们才认为他是一个守纪律的人。”

蒙氏经典活动

培养守纪律的孩子

适宜年龄：3岁以上

活动道具准备：无。

活动开始啦：

在蒙台梭利的著作中，她向人们介绍了一种如何把放任自流、没有纪律性可言的孩子培养成守纪律的孩子的办法。这个办法的大致活动内容如下：

1 教孩子辨别好行为与坏行为。指出孩子哪些行为绝对要阻止，哪些行为要逐渐制止，以及他们必须不能做的行为。只有这样，孩子们才能慢慢地辨别清楚好与坏。

2 建立个性化纪律。所有孩子在教室里走来走去，做一些有益的、充满智力的自觉活动，没有任何的粗鲁行为。在我看来，这样的孩子才是真正遵守纪律的。

3 按孩子的喜好安排座位。我们将安排孩子各就各位，让他们到自己喜爱的位置，保持秩序。我们要尽力让他们明白这样做的道理，即，这样的安排看起来很好，这样的井然有序是件好事，房间的布置非常好并令人愉快，他们为此应保持秩序，安静地待在教室。后来，他们就安安静静地默不作声地待在自己位置上了。

活动提示：

蒙台梭利对这次教育的评价是：这是一种教育的结果，而不是强迫接受的结果。让他们明白这个道理，而不是强迫他们去做，让他们采用这种集体主义原则，这才是最重要的。当他们明白了这个道理后，他们就再也不会不假思索地站起来，大声说话或者坐到另外的位置上了。即使他们这么做了，也是因为他们希望站起来，或希望大声说话等。也就是说，他们要离开那种安静有序的状态，去做一些自发行为，这是可以理解的。当他们知道这些行为是被禁止的，他们就将有新的冲动去记住并区分好与坏。

适度运用奖励和惩罚

ξ 蒙台梭利说：

1 一个人通过自己的努力，能够完成满足自己生活享受和发展所需要的一切事情，这样就征服了自我，并且在努力工作的过程中，增强了自己的能力，成为一个完美的人。

一旦我们接受并建立起这些原则，奖励和惩罚形式就会自然取消。一个享有自由并自我约束的人，会追求那些真正能激发和鼓励他的奖赏。当他的内心具有了人类的力量和自由时，他就会迸发出强烈的积极性。

2 奖赏对一个积极主动、内心充实的孩子没有作用。

3 至于惩罚，我们曾多次遇到一些喜欢干扰别人，而又根本不注意纠正错误的孩子。这样的孩子应该立即由医生进行检查。如果检查结果证明孩子是正常的，我们就要在教室的一个角落里放一张小桌子，让他坐在那里，用这种方式来孤立他。我们让他坐在舒适的小扶手椅上，可以让他看见自己的同伴们学习，同时给他最喜欢玩的游戏和玩具。这种孤立总是能成功地使这样的孩子安静下来。在他的座位上他可以看到全体伙伴的学习情况，这对他来说是一次比老师讲什么都更有效的直观教学课。渐渐地，他就会明白，如果能成为在他面前忙碌的伙伴中的一员，他将感到非常优越，他就会真的愿意回去和其他孩子一样学习。

ξ 解读经典：

奖励和惩罚只是手段，其目的最重要："让儿童学会如何学习和如何表现自己"。奖赏是为了让人迸发出强烈的积极性，并不是所有的奖赏都能激发出人的积极性的。它对一个积极主动、内心充实的孩子是没用的。

惩罚，也要注意方法。对于那些需要惩罚的孩子来说，首先要找医生确定他们是正常的。然后再采取实施"孤立"的办法。这种办法实施的时候，是不带偏见的，老师并没因此就对这个被孤立的孩子表现出厌恶、不关注，相反倒是"给他最喜欢玩的游戏和玩具"。而且对于这种孩子，每当蒙台梭利走进教室时，都会首先跟他打招呼。这样做是有着深意的，它维护了这个孩子的自尊。这不由得让我们反思：我们（包括家长在内）在惩罚孩子时，是否考虑到他的自尊了呢？

蒙氏经典活动

我要在规定时间做完

适宜年龄：3岁以上

活动道具准备：孩子手中即将做的或正在做的活动所用的道具。

活动开始啦：

1 事先家长可以告诉孩子这个活动用多少时间。比如指着分针说："等它指到这里的时候，就结束活动吧。"

2 如果孩子到时候没做完，家长可以问他："还要做哪些呢？"听完孩子的回答，然后问他："什么时间可以结束呢？结束时，你进行到哪里呢？"让孩子说清楚。到时候就让他自己结束。

活动提示：

大人千万不要催促孩子说"快点做！再不快点就赶不上吃饭了！"之类的话。这样会让孩子觉得他不受尊重。大人要主动询问孩子的意见，尊重他们的意见，让他们为自己的节奏做出安排。慢慢地，孩子们就会养成遵守生活规律的意识。

在"工作"中锻炼孩子

蒙台梭利说：

1 儿童也是一个工作者和生产者。虽然他不能分担成人的工作，但是，他有自己的困难，要完成重要的任务，即造就"人"的任务。

2 工作应该是使人得到充分满足的一个源泉，是健康和新生（对儿童来说）的一条原则。

3 儿童通过工作恢复到正常状态，这是最重要的发现。

4 儿童的工作愿望代表了一种生气勃勃的本能，因为没有工作他就不可能形成他的人格，人是通过工作构造自己的，不存在工作的替代物，不管是慈爱还是身体健康都不能代替它。另一方面，如果这种工作的本能走了歧途，也没有治疗的办法，不管用他人的榜样还是用惩罚。一个人是通过手的劳动构造自身的，在手的劳动中，他把手作为他人格的工具，用来表达他的智慧和意志，这一切有助于他去支配他的环境。儿童的工作本能证实了，对人来说工作是本能性的，是这一物种的特征。

5 儿童对劳累的工作并不感到疲倦。他通过工作得以成长并增加力量。儿童从不要求减轻负担，而是希望由他自己完成他的使命。他的生存和发展有赖于他所做的工作。

如果成人不了解这个秘密，他就永远也不可能深入地理解儿童工作的重要性。他们会在儿童的工作中设置各种障碍，并认为休息对他们的成长会更加有益。

解读经典：

工作对于幼儿来说是极有帮助的，能有助于幼儿身心协调发展，能使他发现自己的潜力，满足他的心理，获得独立的能力，培养他的意志力，能使他在生命力不断展现的神秘世界中练习自己并进一步完善自我。

"儿童通过工作恢复到正常状态"——如果孩子脾气不好，精神状态不佳，你是否会想到他不是因为生病了，而是因为他的工作被大人的盲目打断、胡乱打扰给破坏了呢？这种破坏的手段，包括以"休息"为理由，强迫孩子"结束"工作。

蒙氏经典活动

我开，我关，我开，我关

适宜年龄：3岁以上

活动道具准备：和孩子身高相仿的藤制或木制小柜子，开关不要太紧，在柜门和折页处，做好防止孩子夹手的准备工作（比如粘上一条较厚的双面胶）。

活动开始啦：

1 爸爸拉开小柜子的门，然后关上，再打开，再关上。

2 孩子照做。

3 次数多了以后，他们几乎每天都要花一定的时间在柜子前做开关动作。

活动提示：

为了满足孩子对开关柜门感兴趣的心理，可以特意定做一个适合孩子的小柜子，专门让孩子进行“开开关关”的活动。这既解决了孩子的兴趣问题，也解决了父母出于安全考虑而想禁止孩子去开开关关的冲突。

注重对孩子进行全面的训练

蒙台梭利说：

1 每个人都应该进行足够的锻炼，使他的肌肉处于健康状态。这时，他们才认识到不同的活动能发展不同的肌肉。但如果一个人几乎所有的肌肉都没得到过运用，那么他的生命力将很脆弱。

2 孩子们从触摸物体形状来认识物体的过程中获得的极大快乐，并促进了他们的感官练习。

他通过感官去感受外部环境，并通过他的肌肉去接触外界环境。

3 一旦他们学会这些动作，马上就希望在实际生活中运用这种能力，并为自己具有这种不用依赖他人的能力而感到高兴和自豪。这种能力使他们早日学会了谦虚和活跃，而被剥夺了这种实践教育的儿童则发展得很晚。

4 儿童能运用他学到和掌握的知识。

5 父母们不大关心子女是否真正的学会了学习或拥有知识。他们只关心学费是否昂贵。他们还感兴趣的是让儿童在尽可能短的时间里获得一张社会通行证。

6 我们对儿童的教育经常是向他们的智力中灌输学校计划中的知识内容。学校的教育计划经常是官方的教育部门编制的，法律强迫老师和儿童必须使用这种计划。

解读经典：

蒙台梭利教育法最为科学之处是：成人要改变“管理”“束缚”“指导”等态度，要尊重儿童，学会对儿童进行科学的观察，了解儿童发展的特点及心理需要，为儿童的成长准备适宜的环境，协助儿童成长，而不是以自己的先入为主的观念去“帮助他的成长”。

蒙台梭利通过多年教学经验，在其科学的教育理念指导下，专门针对儿童设计了教具和教育方法。蒙台梭利指出在“儿童之家”中对幼儿的教育应该包括肌肉训练、感官训练、实际生活训练和初步知识训练。主要教育内容包括：感觉教育、数学教育、语言教育、自然人文教育、日常生活教育、社会文化教育和音乐艺术教育等。

蒙氏经典活动

我要自己走楼梯

适宜年龄：2岁以上

活动道具准备：无。

活动开始啦：

家长陪着孩子下楼梯或上楼梯。如果楼梯过高，可以选择在有缓坡的路面走上走下。

活动提示：

- 蒙台梭利认为，对儿童进行肌肉训练一方面可以促进他的身体发育和健康，有助于使他的动作灵活、协调，还可以锻炼儿童的意志力。如果通过集体活动进行肌肉训练的话，还有助于锻炼儿童之间的合作关系，增进彼此的感情。
- 在上下楼梯的过程中，儿童锻炼了自己手脚协调运作能力。而且，一级一级地走上去或走下来，直到目的地，可以锻炼孩子的意志力。
- 在此过程中，家长不要抱孩子，而是做好护卫工作，跟在孩子旁边即可。

父母对孩子成长起关键作用

蒙台梭利说：

1 父母并不是子女的创造者，而只是他们的监护人。他们必须像承担着某种崇高使命的人一样去保护儿童，深切地关心儿童。为了这个使命，父母应该净化大自然赋予他们对子女的爱，尽力去明白这份爱是内心深沉情感的外露，决不应该对它留有私心或稍加怠慢。父母要关注这个重大的社会问题，并为儿童的权利而斗争。

2 父母有一个很重要的使命。他们是唯一能够联合起来改造社会来拯救孩子的人。

解读经典：

正如蒙台梭利所说：“父母有一个很重要的使命。他们是唯一能够联合起来改造社会来拯救孩子的人。”父母对儿童的使命有着社会性质的意义。因此，对于父母来说，要做到成功的监护，就应该明白怎样做才是真正地保护了孩子，怎样的关心才真正地有利于孩子的健康成长。在蒙台梭利看来，父母需要从以下方面做起：

1 尊重儿童。就是视儿童为有独立人格的“人”。儿童只有受到成人的尊重，才不会产生反感情绪，也才能使他的自主性和独立性得到充分发挥。

2 为儿童提供一个适宜的环境。成人往往按着自己的喜好和方便来布置家里的物品，而那些真正尊重儿童的家长，会在孩子特定的年龄段准备好适宜儿童使用的物品，供儿童“工作”之用，从而使儿童各方面的能力得到锻炼。

3 要有科学的态度和方法。用科学的态度，而不是想当然、凭经验的方式来“教育”或评议孩子。应该了解孩子的个体差异，独特之处，细心体察孩子在情绪上的症结所在，了解孩子的意愿，知道孩子的真正需要。这样才能真正了解孩子的身心特点，做出正确的判断，知道采取怎样的措施去帮助他，配合他的成长。

4 配合幼儿园培养孩子。一方面父母要多与幼儿园做沟通，多参加园里举办的活动，多与孩子的老师进行接触，以便了解学校的教育方式。这样才能知道孩子成长过程中的特点及遇到的一些问题，配合校方为孩子的成长做好各方面的工作。

蒙氏经典活动

我会画我也会收纳

适宜年龄：3~6岁

活动道具准备：小抽屉一个，用于装孩子画画的笔等小物件。纸箱：用于放绘画本、素描本、图画本等。

活动开始啦：

1 家长从小抽屉里拿出画画用具，从纸箱里拿出绘画本。

2 开始画画。

3 画完后把画笔等用具放回小抽屉。把绘画本放入纸箱，归位。

4 在活动过程中，指导给孩子看，告诉孩子什么东西放在什么地方。

活动提示：

- 家长准备了小抽屉、纸箱，就是为爱画画的孩子准备了一个适宜他工作的“环境”。至于如何利用这个环境里的东西和保持环境整洁，家长要做的不是“说教”，而是“身教”。通过示范，孩子会形象地记住哪个物品是做什么用的，哪种颜色笔应该套上什么颜色的帽子装在笔的盒子里，绘画本等应该怎样放置。
- 这样一来，孩子就会明白怎样利用工具，并且知道在结束工作后，把东西放在哪里了。
- 这个活动也可以家长和孩子一起进行。孩子进行到某一步骤时，家长适时地给予指导。
- 家长切记：千万不要因为怕孩子收拾不明白，就三下五除二地急草草地自己收拾得干干净净。这样做，只能让孩子觉得他把东西弄乱了，大人很不高兴，容易给孩子心理造成消极影响。

让孩子在自由自在的环境中成长

ξ 蒙台梭利说：

1 环境有正反两方面的作用，它既能有助于生命的成长，也能将生命窒息。

2 如果没有为儿童提供一个能使他变得独立的环境，他是不可能日益获得成长的自由的。

3 不管从生理上来说还是从心理上来说，自由的概念都包括大脑的自由发展。

4 在环境中配备合适的设施让孩子探索。

5 我们给予他的东西不单单是纯玩具，也不会拿娃娃、玩具或各种玩偶当诱饵。孩子会喜欢哪一种？当蒙台梭利教具一摆出来，孩子们便争相取用，其热切程度至今仍令人难以置信。这些饥渴的心灵曾被撇在孤寂的环境中，他们感到既茫然又无助，如今当发现有可以帮助他们发展的器具时，他们便像饥饿的狮子一样扑上去，吞食一切能让他们成长的东西。就这样，孩子融入了这个时代的文明，并继承人类的文化。

ξ 解读经典：

蒙台梭利的主旨在于：成人要为孩子的成长创造有利的环境，使孩子变得独立，以获得日益成长的自由，这个自由包括大脑的自由发展。在环境中要为方便孩子的探索配备合适的设施。这些东西不是纯玩具，对于教育者来说，要提供的是蒙台梭利教具。而对于在家庭中的孩子来说，“做母亲的要给予孩子感兴趣的工作。”

“玩具并不能满足孩子探索的内在需要。我们成人要努力为孩子配备他成长所需要的配套设施。”这是一个充满爱、营养、快乐和便利的环境，儿童只有在这样一个环境中，才能真正地提高自己身体和心理素质，才能形成真正的“自我建构”，为他融入时代的文明，继承人类的文化打下基础。

蒙氏经典活动

让我剪纸吧

适宜年龄：3岁以上

活动道具准备：安全剪子一把，剪纸用纸数张。

活动开始啦：

1 家长先教孩子拿剪子的正确方法。

2 让孩子拿起纸随意剪。

3 问孩子："你剪的是什么呀？"

活动提示：

- 孩子的肌肉发育因人而异，程度不同，有的3岁多就可以剪纸了，有的要4~5岁。这就要求家长注意观察，看孩子是否喜欢抓握剪刀。如果喜欢，这时家长可以趁此机会锻炼他。
- 剪纸一方面可以增强孩子手的力量，锻炼手指之间、手和眼之间的协调能力，另一方面还可以促进孩子的想象力。

让孩子与环境完美交流

蒙台梭利说：

1 我们如此热爱自己的孩子，从他刚一降生起，我们本能地开始对他提防。凭着一种本能的守财欲，我们赶紧保护起我们拥有的每一件东西，即使是毫无价值的破烂。从孩子出生的那一刻起，成人的心理就被这样一种思想支配：管住这个小孩，别让他弄坏任何东西，别让他惹麻烦。当心！看住他。

我相信，在人们更好地了解儿童以后，他们就会找到更好的方法来照料儿童。对一个新生儿的保护，不仅仅是使他避免受到伤害，同时也应该采取措施使他的心理能够适应周围的世界。实验证明，这样的措施十分必要，并且父母也应当在这方面接受指导。

2 我们触摸和搂抱儿童的方式，以及由此所产生的那种细微的感觉，使人联想起牧师在祭台前的状态。在寂静和黑暗之中，只有一丝柔和的光线透过染色的玻璃窗。牧师在这个环境里活动，他的手是纯洁的，他的动作是慎重并且经过深思熟虑的，在这个神圣的场所洋溢着一种希望和崇高的感情。新生儿就应该生活在这种环境之中。

3 这个敏感的不断变化着的小生命在不停地尝试着体验一种自我意识的觉醒。他通过感官去感受外部环境，并通过他的肌肉去接触外界环境。

一个人的精神与他所处的外界环境存在着一种交流。正是外界环境塑造了一个人，并使其趋于完美。婴儿也不得不向他周围的环境妥协，由此使其个性与环境相融合。

解读经典：

一方面，成人往往为了自己方便，而自作主张地“管”孩子，让他不许做这个，不许碰那个的。这样做是给大人的“管理”带来了方便，但却没有注意到它严重伤害了孩子的心理。因此，大人们要从孩子的心理出发，而不是从自己的主观意愿出发，要了解孩子的心理，让他能适应周围的世界。而不是为了怕他影响周围的世界，画地为牢，把他紧紧地束缚在“牢”里。

另一方面，大人们为了保护孩子避免受到伤害，也往往束缚住他们的手脚，不让他们碰触有“危险”的东西，做有“危险”的动作。其实，这样的做法往往适得其反。越是怕什么，越来什么，孩子要么因此被束缚得缩手缩脚，失掉了探索求知和切身感受并做出相应调整的机会，要么往往变得叛逆。

大人们所要做的是配合孩子，让他逐渐适应环境，面对不同情况有相应的应变处理能力。而不是不知所措。

为了让孩子早日适应环境，家长就应该有意识地与新生儿进行适当的反射活动。通过这些活动，使孩子得到锻炼，同时促进神经发育，增进智能的发展。

蒙氏经典活动

抓握练习

适宜年龄：0~6个月

活动道具准备：无。

活动开始啦：

1 父母把一根手指放在宝宝手中，让宝宝抓握。渐渐提高力度，向上拉，宝宝也会相应地抓紧。

2 父母再放一根手指到宝宝手中，让宝宝抓住。渐渐提高力度，向上拉。婴儿的抓握力度就会相应增加。

活动提示：

- 有研究者认为，宝宝刚一出生，就能用他们的反射动作适应外界刺激，这说明反射是许多有意识的动作产生的前提。而手是宝宝接触外界的一个重要器官。宝宝除了用嘴接触母亲的乳房，感受外界刺激之外，运用得最多的就是他的小手了。因此，有意对宝宝的小手进行适当的反射性的动作的锻炼，能够激发宝宝的意识。
- 家长在活动中，要注意力度适当、轻柔、缓慢。

协助孩子建立自己的性格

蒙台梭利说：

我们只能协助孩子性格的建立，性格是无法教的。6岁是最重要的一个时期，到这时性格就已形成，它不是由于外在的榜样或压力，而是靠他的本性形成的。出生后3年的时间十分重要，正如我们前面曾经提到过的，有许多影响可以改变孩子的性格，那时性格已显现出来了，我们可以看出它的形成与发展是否有障碍，是否是在不受压抑的情况下发展的。如果孩子在怀孕、胚胎、出生与产后的完整过程中都受到科学的照顾，到了3岁他必是个很模范的个体，但这种结果几乎难以实现，因为有太多的障碍因素会影响他的发展。

在一个6岁孩子身上可能积累了许多本不属于他的性格，它们是从后天的经验中得来的。一个在3~6岁被疏忽的孩子，到7~12岁该发展道德良心时，可能就会有问题。他或者显得智力不足，或者缺乏道德品格、学习能力，他成了一个满是伤痕的人，只能背负着以往心灵受到打击的记号。

解读经典：

3~6岁对于儿童的性格形成来说，非常重要。那么如何在3~6岁这个关键阶段，塑造好孩子的个性呢？

我们首先要知道，儿童的性格是在3~6岁时，通过自己的行为逐渐完善的。因此，成人要尊重这一规律，不要凭自己喜好随意“塑造”孩子的性格。

其次，成人一定要去除那些自以为正确的观念，学会从一旁观察，科学地教育儿童，减少他们成长中的障碍，协助他们成长，而不是主观臆断采取“果断”的措施阻碍孩子的自我成长。

这里尤其值得注意的是：一是成人关注孩子的兴趣。孩子感兴趣的事情家长尽量创造条件，让孩子乐在其中。二是不要急于求成，也不要替代孩子的活动。对孩子要有耐心。孩子之所以做一件事情时动作慢，那是因为他的肌肉还没有发达到能让他快且协调地进行活动的地步。而孩子的这一活动却有利于他的肌肉成长。孩子从事一件活动时，他会反复进行。这时家长不要随意打断他。

蒙氏经典活动

我能自己背包

适宜年龄：3岁以上

活动道具准备：适合儿童的背包，儿童外出必备的各种用具：诸如水瓶、纸巾、手帕之类。

活动开始啦：

1 一家人去公园。爸爸妈妈背着包，拉着孩子的手要出门。孩子却举着手向父母要包，他想像爸爸妈妈那样背个包。

2 妈妈看孩子热切的样子，跟着急想拉孩子走的爸爸说：“我去取包，让他自己背着自己的东西吧。”

3 妈妈找来包，把孩子用的东西取出来，并指导孩子装在自己的包里。孩子很听话地去做了。最后他自己拉上了拉链，学着妈妈的样子，把背一扭，再扭了好几次，终于把包背在自己的背上。一家人高高兴兴出门去公园游玩了。

4 在游玩过程中，如有需要，孩子像爸爸妈妈那样自己取用包里的物品。

活动提示：

- 这是一个家长讲的教子故事之一。她当时面对孩子时，想起了自己看过的日本人的一个教子故事，就是日本人外出旅行时，无论多么小的孩子，家长都要让他背上一个力所能及的包，哪怕是刚刚会走路的孩子。“他自己的东西，应该自己背”这是日本家长的理由。
- 因此，这位妈妈在面对孩子主动想像大人一样背包时，便控制住了爸爸的急脾气，而是为孩子准备了他自己的包。这里，我们要注意的是：装包、拉拉链、背起包、取用包里的东西，这些事情都是家长让孩子自己去操作的。这样锻炼了孩子的动手能力和自立能力。
- 相较于普遍的由家长，甚至是家长的家长代孩子背包的“怕孩子累着影响身体成长”的行为，这个家长的做法是不是更值得提倡呢？

抓住孩子成长的敏感期

蒙台梭利说：

1 敏感是指生物在其初期发育阶段具有的一种特殊的敏感性。它是一种灵光乍现的禀性，并且只在某种特定时刻闪现出来。一旦他获得了这种特性之后，其敏感性就消失了。每种生物的特性都是借助于短暂的刺激或潜力而获得的。而成长则不能只取决于一种模糊的遗传，它要靠本能的悉心引导。

2 儿童拥有一种生机勃勃的本能。这种本能能使儿童做出惊人之举。如果这种本能遭到破坏，那就意味着儿童将会软弱和缺乏活力。

如果儿童在其敏感期没有按他的敏感性的指令行事，他将永远丧失这种天赋的力量。

3 在这时期（敏感期），他们容易学会每样事情，对一切都充满了活力和激情。每一个成就都表明他们的力量的增强，只有当这个目标达到时，疲劳和麻木才会随之而来。

在一种激情耗竭之后，另一种激情将随之燃起。在这种节奏感的刺激下，儿童不断地去征服。这一切使他感到十分欢乐和幸福。正是通过这种在心灵中燃起的激情之火，人们精神世界的创造性工作才会日趋完美。

4 如果儿童在他的敏感期里遇到障碍而不能工作，他的心理就会紊乱，甚至变得乖戾。儿童敏感期的脾气是他们的需要未得到满足的外部表现，表现了对某种危险的警觉，或感觉到某些事情处置不当。只要有可能满足需要或消除危险，这种外部表现也就消失了。

解读经典：

敏感期“是一种灵光乍现的禀性”。这个时期对孩子的成长来说极为重要，过而不候。在这一时期，“他们容易学会每样事情，对一切都充满了活力和激情”。因此，家长和教师都要做到让儿童在敏感期按其本能行事。否则，“他将永远丧失这种天赋的力量”。敏感期不能顺利地度过，儿童就会变得爱发脾气，影响正常的人格建构。

切记：千万不要破坏儿童的敏感期。如果不小心破坏了，一定要“寻找儿童每种任性背后的原因”，“一旦找到这些原因，就能使我们深入到儿童心灵的神秘幽深处，并为我们理解儿童以及跟儿童和谐相处提供了基础”。

蒙氏经典活动

我也要切菜

适宜年龄：3岁以上

活动道具准备：迷你小菜刀，或者小刀；半根黄瓜；案板。

活动开始啦：

1 妈妈在一旁切菜，孩子看见了，也很想切。妈妈说："你会不小心切手的！会流血的！可疼了！"孩子对妈妈的告诫充耳不闻，还是看着妈妈手中的菜刀。

2 妈妈无奈，只好拿了一块小菜板，又找来一把带柄的水果刀，然后选了一根黄瓜，并把黄瓜从中间纵向切开，切口贴案板放置好。妈妈把水果刀放在孩子手中，说："你要看着我怎么切，你再怎么切。"

3 孩子看着妈妈切菜，自己也学着妈妈的样子切了起来。虽然切得黄瓜片大的大，小的小，不太规则，但真的出乎妈妈意料，他竟然切得很认真，像妈妈那样，左手扶着黄瓜，右手看着适当的地方，切下去……孩子不仅没有切到手，而且还切完了！孩子在妈妈吃惊的表情下，甜甜地笑了。

活动提示：

- 看到孩子切菜的要求，妈妈肯定会吓坏的。但是如果你不让他切，他可就错过了一个非常重要的锻炼机会。这位妈妈也同样，出于保护心态，警告孩子不要切，估计是觉得"你太小，还切不了，弄不好会切到手"。
- 要知道，孩子太小，理解这些话，还是有一定难度的。他未必知道"血"与"疼"是什么联系。因此，妈妈的警告对孩子来说是没有效果的。而如果不让孩子切的话，岂不是伤害了他的主动锻炼自己的敏感性？
- 妈妈虽然无奈，但她的做法很明智：她准备好孩子适用的工具，而且为避免孩子按不住，可能导致因为黄瓜的滚动不小心伤了孩子的手，她把黄瓜改造了一下，平稳地放在案板上。这样孩子就能顺利地切了！

语言敏感期

（0~6岁）

婴儿开始注视大人说话的嘴形，并发出牙牙学语声时，就开始了他的语言敏感期。语言能力影响孩子的表达能力，因此，父母应经常和孩子说话、讲故事，或多用“反问”的方式，加强孩子的表达能力，为日后的人际关系奠定良好基础。

——蒙台梭利

不同成长期语言的特点

ξ 蒙台梭利说：

如果一个人考虑到人类语言的魅力，他就一定会承认没有掌握正确口语的人是低等的。如果没有专门去完善口头语言，那么一种美学概念上的教育就是不可想象的。

ξ 解读经典：

我们不妨设想一下，每天从我们睁开眼开始，到一天结束，上床睡觉之前，我们每天的生活、工作中为了交流要说多少话？我们的口语在每天的生活和工作中是多么重要！而蒙台梭利更是从“掌握正确的口语”和“完善的口头语言”的重要性方面强调了口语表达的重要性。如果我们在口语表达方面能够做到既准确，而又具有美感（比如一些人可以做到“出口成章”），这样的语言难道没有魅力吗？

这样的语言从哪里来？它是我们呱呱落地后在后天的环境影响下，根据我们自身成长的特点，一点一滴地慢慢培养起来的。因此，家长在孩子呱呱坠地那一刻起，甚至是更早，就要注重培养孩子的口语，使孩子能说一口标准的、流利的普通话或外语，从而成为一个在学习、生活等各方面都能准确地表情达意的口才大师。那么，该如何掌握儿童语言表达的规律性，从而进行有针对性的培养呢？

儿童语言发展大致可以分为7个阶段，而家长所要做的，就是依据每个阶段的不同特点，为孩子创造有利的学习环境，帮助孩子掌握必备的语言。语言不是孤立的存在的，它与每个人的生活、学习和工作环境是密不可分的。语言问题也不仅仅是“声音”或“文字”的问题，它与每个人的生理、心理、智力、动作等密切相关。因此，在帮助孩子学习语言过程中，家长要注意到有关问题。

一般来说，儿童的语言发展可大致分为7个阶段（见下表）：

儿童语言发展阶段	年龄段	特点
第一阶段	0~4个月	婴儿自己能够发出声音，同时也能收听到来自于环境的各种声音，但这是无意识的。父母自宝宝出生后第一天就把孩子当作交流的对象，对孩子的不同声音做出不同的照顾性应答，从而可以锻炼婴儿的识别能力
第二阶段	4~9个月	有意识交流阶段。四五个月的婴儿能用眼睛盯着父母所指的事物。在9个月时，孩子就可以用交流性的眼光注视事物了。即不但注视着事物，还会转向父母，注意父母的反应
第三阶段	9~18个月	为单词阶段。儿童在一周岁左右会说出单词，这是真正的语言的开始。最初只会说单词，随着时间增加，词汇量会越来越丰富
第四阶段	18~24个月	为词组阶段。这个时期的小儿会用单词和词组说与自己和环境有关的事情，而且有了最初的语句形式。在对儿童语言的干预中，父母要避免用语法不确切的话与孩子沟通
第五阶段	24~36个月	为早期造句阶段。可以说不在眼前的事情，能用简单的短句如名词加上动词。还能使用代词“我、你、他”，介词“上、下”，形容词“好、坏、多、少”等。本阶段的最后，基本可以用短句进行表达，并且开始步入完整的造句系统阶段
第六阶段	3~6岁	掌握句子阶段。可以使用简单句和较复杂的句子，掌握了大部分的语法结构形式，而且能够有一点点理解词语的抽象关系
第七阶段	6岁~成人	为完整的语法阶段。个体交流能力明显增长。这一阶段的儿童，还是在不断扩充自己的词汇，改善自己的表达和语言在环境中的应用，但不再增加新的语言形式。儿童逐渐具备了成人一样的语言能力

蒙氏经典活动

对着宝宝的右耳说悄悄话

适宜年龄：0~1个月

活动道具准备：无。

活动开始啦：

妈妈平常要多和宝宝讲话，比如当宝宝哭时，妈妈温柔地哄他；喂奶时，妈妈也可以轻唤宝宝的乳名。无论为宝宝做什么事，妈妈都要用柔和亲切的声音和富于节奏感的语调来与宝宝讲悄悄话。

活动提示：

跟宝宝说悄悄话，开始最好对着宝宝的右耳讲话，因为右耳比较敏感，它与左脑语言思维相连，有益于宝宝智力的提升。

脸对脸地“说”

适宜年龄：4~12个月

活动道具准备：无。

活动开始啦：

1 尽量在交谈时，让宝宝“参加”进来。在你说话时，要看着他，甚至问他问题——让他感到自己是其中的一分子。

2 照顾宝宝的成年人，要尽量给宝宝创造“脸对脸”地观察的机会。宝宝可以通过观察成人的嘴巴的活动，学习如何用嘴说话。

3 这时候，宝宝可能会伸出手要够你的嘴，可以把宝宝的手放在嘴上，让他感受到你说话时嘴部的运动。通过“动手摸嘴”可以强化宝宝对人说话时的观察力。

活动提示：

即使一个婴儿还无法参与交谈，但他会从家人的谈话中“听”出许多东西。4个月大的宝宝可以听出包括自己名字在内的几个口语单字。

创造一个有益的语言环境

蒙台梭利说：

1 训练孩子注意去听周围环境产生的各种声音及喧闹并辨别和区分它们，就是为孩子更清楚地聆听发音语言而做准备。

2 事实上，由于儿童周围都是成年人，他们之间的对话为儿童语言能力的发展提供了必要条件。

3 在一开始的时候，小孩子也仅仅是对语言当中简单的声音很敏感，通过这些简单的声音，特别是“S”，母亲们可以吸引孩子的注意力。慢慢地，孩子开始对音节敏感起来，母亲同样可以利用它们来引起孩子的注意，比如，“ba，ba！”

最终是一些简单的单词开始吸引孩子的注意力。

4 当孩子们说出的词汇能够表明一个概念时，口头语言就开始了。比如，当孩子看见并且认出母亲的时候，他说“妈妈”；当看见一条狗的时候说“狗”；想要吃东西的时候说“饿”。

5 当孩子能够认识单词，也就是单词能够被感知并且与相对应的物体建立联系时，语言就开始发展了。

解读经典：

由此可见，父母要为孩子的语言学习创造一个有利的环境。家长要结合日常生活事件和活动来对孩子进行语言教育，多让孩子接受具体的语言。比如，家长要尽可能地多找机会锻炼孩子的听力，如多和孩子说说话，放音乐、儿歌等给孩子听。再比如，让自己的孩子和稍大一些的孩子一起活动，这样大一些的孩子可以教小孩子说话，而且因为都是孩子，他们之间的交流有其特定的语言，交流起来更方便。这样做，还可以锻炼孩子的交际能力。

另外，家长尤其要注意的是，不要有攀比心态。在排除非疾病因素的情况下，孩子说话都有早有晚，而有的家长对于自己孩子说话晚就着急，这样其实是不可取的。因为家长一焦虑，就会从负面影响孩子的心理，让孩子产生压力，反而阻碍他的语言发展，甚至会出现其他方面的问题。因此，父母要对孩子有耐心。

此外，如果可能，父母应尽量用普通话对孩子讲话。

蒙氏经典活动

和妈妈"聊聊天"

适宜年龄：2个月~1岁

活动道具准备：无。

活动开始啦：

1 妈妈多和宝宝说话，可以模仿宝宝的发音，并把宝宝的发音拖长。这对宝宝来说，他会受到很大的鼓舞，更有助于激发宝宝的语言智能。

2 逗宝宝发声，并做出相应回应，或亲切和蔼，或严肃地命令，或激动地喊叫，使宝宝也能对不同的声音有不同的反应。

活动提示：

- 两三个月的婴儿就具有了改变声调的能力。这时期他很喜欢和人"聊天"。虽然他只能像小动物似的发出简单的声音，但大人模仿他的声音却能让他受到鼓舞，从而激发他乐于练习发声。
- 大人应该在模仿宝宝的声音后，用不同的音调来回应他，这样，大人的声音便经由耳膜的共鸣，传到并存留在宝宝大脑的语言中枢中，有助于宝宝语言中枢的发展。

教孩子准确地表达

蒙台梭利说：

在最容易建立运动神经适应的时期逝去以前，通过练习口头语言的运动神经通道，孩子应当建立起一种准确而且对于完善口语是必要的运动机制。而如果一旦强化了错误的机制，那么这种缺陷就将再也无法改变。

解读经典：

蒙台梭利认为，学习语言是儿童天生的本能，对他们来说没有困难与否的区别，而且对于正处于语言敏感期的孩子来说，学习语言正好是一件“恰逢其时”的事情。因此，在这一时期，他们学习的语言是否正确才是最重要的。

父母在教孩子说话时，一定要注意发音标准，吐字清楚，表达准确。使孩子的发音器官建立正确的机制，协调配合，这样才能做到不仅语言发展，且认知正确。

蒙氏经典活动

声调锻炼

适宜年龄：0岁以上

活动道具准备：拼音纸板。

活动开始啦：

妈妈或爸爸拿出写有某个字母拼音的纸板，指给宝宝看，并相应地指着标有声调的字母读。

活动提示：

- 对于比较小的婴儿来说，可以事先不用拼音纸板，而是由家长脸对脸地直接念出韵母a、o、e、ai、ou、iu的四声发音。从简单到复杂，慢慢读。
- 这样可以锻炼孩子发标准音的口形、舌形，为将来说一口标准的普通话打下基础。

听、说、唱儿歌

适宜年龄：3个月以上

活动道具准备：无。

活动开始啦：

因宝宝的年龄，家长念儿歌，或播放儿歌给宝宝听，应先播放字少语句简单的给宝宝听，随着宝宝的成长，播放的儿歌字数渐渐变多，句式变复杂。

活动提示：

- 儿歌富有音乐感，节奏明朗且生动活泼。它能激发幼儿的美感、愉悦感，从而激发他们学习语言的兴趣。
- 三四个月的孩子就对妈妈的声音很敏感了，这时期他就会跟着模仿，而且还会咿咿呀呀地自言自语。这时母亲念些儿歌给他听，是非常重要的。

加强孩子的表达能力

蒙台梭利说：

婴儿开始注视大人说话的嘴形，并发出牙牙学语声时，就开始了他的语言敏感期。语言能力影响孩子的表达能力，因此，父母应经常和孩子说话、讲故事，或多用“反问”的方式，加强孩子的表达能力，为日后的人际关系奠定良好基础。

解读经典：

蒙台梭利认为幼儿的生命有一种内在的自发力量，让语言在他们尚不能表达和自由活动时，就开始被吸收、储藏。因此，在孩子处于婴儿时期时，成人就应该有意地对他进行说话能力的训练，提高他的表达能力。

在蒙台梭利的时代，她认为父母可以经常和孩子说话、讲故事，或多用“反问”的方式，来加强孩子的表达能力。而在我们21世纪的信息世界，父母可资利用的手段非常多，因为儿童接触的声源非常丰富，比如就拿学儿歌来说，他可以听到父母唱或念诵的儿歌，而父母没时间陪伴他们时，他们也可以从手机里、电脑里听到小朋友们唱的儿歌。

这里值得提示父母的是，切忌贪多，认为多教一点儿孩子就多吸收一些。要注意孩子的反应，要根据孩子的自身特点来进行。因为孩子的情致在学语言的过程中也获得了影响。

蒙氏经典活动

多和孩子说话

适宜年龄：5个月以上

活动道具准备：无。

活动开始啦：

1 五六个月的宝宝已经可以简单地发出“m”“d”“n”等音。这时期，成人可以找出一些叠音词，念给宝宝听。如“爸爸”“妈妈”“爷爷”“奶奶”等。

2 七八个月的孩子有模仿能力。这时家长可以一边做动作，一边告诉孩子动作的名称。如可以一边拍手一边告诉孩子：“拍手。”以此强化孩子将拍手的动作与名称结合起来。家长也可以让孩子来“拍手”，做动作。此外，还可以做出挥手、握手、拜托等动作，并教孩子认知这些动作。

3 孩子1岁左右时，便可以用一个或两个字来表达许多不同的情况，或用不同的字表示相同的意思。这时家长要通过具体情境，及时捕捉孩子的本意，弄明白后，与孩子进行交流互动。比如：“妈妈，吃”可以表达“妈妈，我要吃饭”或“妈妈，我要吃水果”等意思。这时妈妈可以说“宝宝要吃苹果”，得到孩子允许后，可以给他苹果吃，并指着苹果告诉他“苹果”。然后咬一口时，咀嚼、咽下后，告诉他说“吃苹果。”

4 孩子1岁半到2岁时，可以指认一些事物给孩子。比如“红色”这个概念。可以指着红色的衣服告诉孩子“红衣服”，指着红色的苹果，告诉孩子“红苹果”，在不同情境下强化孩子对“红”的认知。

活动提示：

- 孩子在特定的时期，会表现出特定的语言特点，这时父母要及时捕捉到孩子的说话特点，及时利用这一敏感期，教孩子说话，认知事物。孩子有时候还不会发某个音，但是家长一再重复说给他，他就会将其记在脑子里，等他的发音器官发展完善后，他就会把这些东西说出来了。
- 在教幼儿读叠音词时，注意不要故意把非叠音词念成幼儿式的叠音，如“吃饭饭”“睡觉觉”之类。这样会影响孩子的语言准确性表达。

跟着感觉走，练习说话

ξ 蒙台梭利说：

口头语言的发展一般是在孩子2~7岁时。这是感知阶段，在这一阶段当中，孩子的注意力开始自觉转向外部世界，记忆力也特别的敏锐。这同时也是一个好动的阶段，心理运动神经通道变得日益完善，肌肉机制也开始建立。

在生命的这一阶段，通过听觉通道和口语的运动神经通道之间的神秘连接，我们可以看到听力感知直接刺激了口语的并发运动，并且在听力感知的刺激下，口语本能地发展起来，好像是从长久的沉睡当中苏醒一般。

ξ 解读经典：

蒙台梭利认为，在孩子处于感知阶段，成人可以利用孩子这一阶段自觉关注外部世界且记忆力敏锐、好动的特点，来加强孩子的语言训练。让感觉和语言结合起来。

她曾对利用感觉训练让孩子准确发音方面举了一个例子：

老师的词语描述要清楚，给孩子们上课时采用与感觉练习相关的命名法，是进行清楚且准确的语音练习的大好时机。在每个感觉练习中，当孩子分辨出物体之间的差别时，老师用一个词语清楚地描述出这个差别。

当孩子一遍又一遍用粉红色积木搭建木塔时，老师就可以找个合适的机会坐到孩子旁边，拿起两个最极端的积木最大的和最小的给孩子看，同时说着“大的”“小的”。仅仅两个词，“大”和“小”，接连几次用重音和清楚的发音念出来：“这个是大的，大的，大……”然后中断一会儿。然后，老师要用下面的小测试来检查一下孩子是否理解这两个词语的意义，她对孩子说“把大的那个给我”“把小的那个给我”。重复一次，“大的那个”接着是“小的那个……”接着再中断一会儿。最后老师依次指着积木并问“这是什么样的”，假如孩子学会了，他就会正确地回答“大的”“小的”。

我们也不妨参照蒙台梭利的案例，有意训练孩子发音。

蒙氏经典活动

说出事物的名称

适宜年龄：4个月以上

活动道具准备：适宜的物品。

活动开始啦：

4个月的婴儿能用眼睛盯着大人所指的事物，这时爸爸妈妈可以对孩子说出事物的名称，和孩子一起把眼光共同落在同一事物上。

活动提示：

这一活动，对孩子的视觉与听觉都进行了训练。而通过重复说明，孩子会将这个事物存储在大脑里，为将来能够发音时说出这个事物打下了基础。

看图讲故事

适宜年龄：2岁以上

活动道具准备：带图画的故事书。

活动开始啦：

1 妈妈拿本故事书，指着上面的图画给孩子讲故事。

2 讲完后，妈妈要求孩子自己讲一遍给妈妈听。

3 在孩子讲的过程中，可能有卡壳的时候，这时候妈妈尽量用提示性的语言引导孩子回忆，而不要直接告诉孩子答案。

活动提示：

通过用手指指着图画，看图听故事的过程，可以让孩子认识到故事与图画的关系，而妈妈讲述完故事后，再让孩子讲一遍，可以锻炼孩子的记忆力和复述能力。

抓住学习外语的最佳时机

ξ 蒙台梭利说：

他们在聆听新单词的准确发音和跟着老师重复读单词时都表现出极大的兴致。早期的儿童时代实际上是儿童语言成形的阶段，这个时期是孩子学习外语语音的最佳时期。

ξ 解读经典：

2~6岁是学习外语的一个关键期。学外语的时机对孩子来说很重要。现在随着教育水平提高，有许多双语幼儿园开办，再加上网络发达，家长可以在网上为孩子下载好多外语学习材料。由此可见，孩子学外语是相当便利的。

但是，这里值得提醒家长的是，要保证外语是纯正地道的外语，而不要让孩子学到外语中的“方言土语”。

蒙氏经典活动

选择正确的学习外语条件

适宜年龄：3岁以上

活动道具准备：经典英语童谣、故事、动画片。

活动开始啦：

家长可以每天在特定时间给孩子播放一些经典的英语原版童谣、故事，也可以播放英语动画片，如《猫和老鼠》《米老鼠和唐老鸭》等。

活动提示：

家长在让孩子学习英语的时候，要注意：

- 一是创造有利的英语学习环境。如选择双语学校时，一定要判断学校教的英语是否纯正。如果不纯正，反而不利于孩子的学习。
- 二是选择难易适度的英语学习材料。要挑选适合特定年龄段的孩子的材料。

培养孩子语言的逻辑性

ξ 蒙台梭利说：

这种语言（逻辑思维语言）的根源已经不在语言的机制当中，而在智力的发展当中，因为智力的发展需要利用语言。正如口语的发展是通过对自身机制的不断练习，通过感觉来不断丰富一样，逻辑语言的发展是通过语法，通过智力文明来不断地丰富自身的。

ξ 解读经典：

一两岁的孩子处于采集、收集、复制、储存信息以及复制逻辑思维的阶段。孩子的逻辑思维基本结构正在创建。在这一阶段，父母应该深刻了解孩子语感能力形成的本质原因以及如何进行合理的培育。

简单来说，孩子的语言先是接触到各种概念，然后才是把这些概念串联起来，形成逻辑。在建立概念的阶段，孩子接触的概念必须简单、清晰明了，孩子接触的东西越多，他的知识面也就越广。在接下来的语言逻辑阶段，智力的因素就起到作用了。孩子理解和运用语言的能力，是在父母的培育下逐渐积累起来的。

蒙氏经典活动

看看我画的房子

适宜年龄：2岁以上

活动道具准备：画笔、画纸。

活动开始啦：

1 妈妈画一座房子，一边画一边告诉孩子先画什么，后画什么。房子是什么样子的，窗户是怎样的，前边是草坪，上边是太阳，等等。

2 然后让孩子学画，并让孩子讲出来都画了什么。

活动提示：

通过绘画，孩子不仅可以把自己印象中或想象中的房子画出来，而且通过介绍画房子的过程，可以锻炼孩子的识记能力和表达自己所从事的活动的能力。

正确纠正孩子的语言

ξ 蒙台梭利说：

语言的缺陷和不完善部分是由于生理原因，比如畸形或者神经系统的病理性改变。但是也有部分原因与功能性缺陷有关，这种缺陷来自于语言形成时期错误的单词发音。当孩子听到发音不完善的单词或者是言语时，就学到这种错误。方言口音就属于这一类。但是还有许多坏习惯，这些坏习惯会使儿童时期口头语言的自然缺陷保留下来，或者会刺激孩子模仿周围人群当中的语言缺陷。

ξ 解读经典：

孩子的发音存在问题，首先要排除疾病的因素，家长可以带孩子去专业的医生那里，通过检查排除这种可能性。

在此前提下，如果孩子发音出现吐字不清、方言严重等现象，就需要家长耐心矫正。一方面找出原因，比如有些孩子讲方言，是因为带孩子的爷爷奶奶是讲方言的。这时候如果要求爷爷奶奶讲普通话，可能老人也改正不过来，因此就要求讲普通话的爸爸妈妈尽量多和孩子说话。

蒙氏经典活动

不要轻易否定孩子的表达

适宜年龄：2岁以上

活动道具准备：无。

活动开始啦：

1 “这是椅子。”家长指着椅子对宝宝说。

2 “椅之。”孩子说道。

3 “什么椅之椅之的！不对！再说一遍，椅子！”家长纠正道。

4 孩子见家长的态度这样子，不但没说话，反而委屈地哭了起来。

活动提示：

- 孩子在学说话时，口齿不清楚，这是很正常的事情。家长一方面要注意不要因为自己觉得孩子说话有趣，而向孩子“学舌”，孩子说什么，家长就怎么重复。以此反向“强化”孩子的错误表达，久而久之，孩子就不容易改正口语中的发音问题了。另一方面，家长要有耐心，不要对孩子进行批评，这样做只能让孩子感到挫折，失去学习的兴趣。
- 在这里，这位家长一方面强调了孩子的错误语言，另一方面还对孩子不正确的发音不耐烦地进行了否定。孩子不哭才怪。
- 家长这时本可以指着自己的口形，对孩子耐心地再说一次：“椅子。”

训练可以避免语言缺陷

ξ蒙台梭利说：

儿童语言当中的缺陷是因为这样一个事实：口头语言发声器官的肌肉没有很好地起作用，结果导致了无法重现发音。对于口头语言来说，必要的肌肉运动是一点一点建立起来的。如果无法一步一步地建立起必要的肌肉运动，其结果就是语言发音不好，或者是缺词。所有这些缺陷都统称为“口齿不清”，这主要是因为孩子还不能很好地运用自己的舌头。

ξ解读经典：

为了解决口齿不清问题，蒙台梭利提出了以下训练方法供我们参考：

1 安静练习。这种练习让语言的神经通道做好接受新刺激的准备。

2 课程。包括，首先由教师清楚地读出几个单词（特别是那些有具体概念的名词）的发音。通过这种方式，清晰而完善的语言听觉刺激开始了，教师不断重复刺激，孩子慢慢开始感觉到这个单词所代表的物体概念（认识物体）。最后，在语言的刺激下，孩子必须一个人大声重复，单独发出单词的每个发音。

3 书面语言练习。这种练习对语言发声进行分析，并且用几种方式单独重复这些发声。当孩子学了字母表当中的每一个字母时，当他组合或者是书写单词时，就应当重复这些发声。

4 体操练习。正如我们所看到的，体操练习包括呼吸练习和发声练习。

蒙台梭利离我们的时代已经很远了。她的办法具有一定的科学性。而今天人类的医疗技术已经很发达，可以在孩子出生后3天进行听力检测，在其3个月内明确其听力状况，并能在咿呀学语前(1岁内)进行听力康复，强化语言训练。因此，这是现代孩子的福音所在。孩子家长可以通过检查，首先确定孩子先天发音器官没有问题。接下来，孩子如果出现口齿不清现象，家长就可以用正确的办法来进行矫正了。

蒙氏经典活动

纠正说话口齿不清的问题

适宜年龄：2.5岁

活动道具准备：无。

活动开始啦：

“来，宝宝，叫哥哥。”

“鹅鹅。”

“来，看妈妈，这样，把舌头向上。哥哥。”

活动提示：

- 孩子在发音时，经常出现声母、韵母发音不清的现象。如把“哥哥”说成“多多”，把“肉”说成“幼”，把“太阳”说成“太爷”，等等。
- 这种情况下，家长一定要注意，在纠正时千万不要说“不是多多，而是哥哥”，这样一来，相当于重复了一遍宝宝发音的错误。家长应直接发正确的音给宝宝，并让宝宝观察自己发音的口形和舌形。
- 家长在纠正时，还要注意心理方面的因素：一是家长本身不要急躁，要心平气和地和宝宝说话。二是要让宝宝说话时放松，不要着急，排除孩子因为说得不对而紧张的情绪。如果孩子着急，家长可以和孩子一起做几次深呼吸的动作，缓解孩子的情绪。三是及时表扬孩子的正确说法。
- 相信经过一定的时间，孩子的口齿不清问题会得到矫正。

如何避免孩子说谎话

蒙台梭利说：

1 谎言可能起源于儿童为描述某种东西而产生的幻想，这一类虚构可能是对其他人认为是真实的东西添枝加叶，尽管这种谎言不是为了个人利益或为说谎而说谎。它可能是采用了一种艺术的形式，就像一个演员把自己投入到角色中去一样。

2 教师只知道与这种谎言做斗争，却忘了这种谎言背后的原因。它们只是儿童面对成人攻势所做的自我保护。但是这种说谎的儿童却会因为软弱、无耻和不能做他们应该做的事而受到责备。

3 欺骗，是在儿童时期出现的一种智能现象，它随着儿童的成熟会变得条理化。它在人类社会中起着非常重要的作用，就好像人们的衣服是不可缺少的，甚至是美丽的。我们学校的儿童，能放弃这种被歪曲了的认识，并表现出自然和真诚。

解读经典：

孩子说谎话，要具体问题具体分析。它有可能跟孩子的认知有关，即孩子正处于特定的超龄段，还不能分清真实与谎言，事实与想象的区别。也有可能与孩子的恐惧心理有关，如他害怕受惩罚，逃避责任，等等。因此，成人需要对导致谎言的原因进行探究，这样才能从根本上解决孩子说谎的问题。

蒙台梭利曾说：“说谎并不是可以奇迹般消失的，它需要的是改造，而不是转变。清晰的思想、跟现实的接触、精神自由，以及对善和崇高的向往，都可以为改造儿童的心灵提供帮助。”

蒙氏经典活动

帮助孩子表达现实与想象

适宜年龄：3岁以上

活动道具准备：无。

活动开始啦：

孩子不小心把水杯碰倒了。他以为没人看见，但还是很慌张的样子。妈妈看见了，但装作没看见一般走了过来。还未等妈妈说话，孩子却先开口了："妈妈，水杯让小熊给打倒了。"

妈妈这时笑着说："你希望小熊帮你把水杯打倒吗？"

孩子想了想，说："嗯。"

妈妈说："你也想帮小熊打倒水杯，是吗？"

孩子点点头，说："嗯，是的。"

"这么说，这次是你打了水杯喽？"

孩子点了点头。

活动提示：

- 孩子在两三岁时已经具备了一些判断是非的能力，当他们发现自己做错了事时，会本能地想掩盖错误，以避免惩罚，他们就会说谎话。这时家长要引导孩子，不要上来就批判孩子不对。要了解撒谎背后的原因是什么，然后有针对性地解决。
- 这个故事里，孩子用想象中的小熊来帮自己承担打翻水杯的责任。这位妈妈的聪明之处在于她没有直接批评孩子撒谎，而是顺着孩子的话，一步步地让孩子承认小熊是他想象出来的，而事实是他打翻了水杯。这样孩子既能认识到错误，同时也通过"你希望……""你想……"这样的话语，让孩子知道小熊是他头脑中想象的事物，知道如何表达自己想象中的事物。

故事是假设的

适宜年龄：3岁以上

活动道具准备：无。

活动开始啦：

孩子喜欢听故事，家长便给孩子讲了一则故事。讲完后，家长提示说："假设（如果、假如）你是某某某，你会怎样怎样？"

活动提示：

孩子由于缺乏生活经验和常识，有时候不理解想象中的事物是不存在的，因此会通过"编故事"的方式跟大人讲话。大人这时候不要以为他是在有意说谎话，要让他知道故事是假设的，故事里的东西在现实中是不存在的。而事实上，爱编故事的孩子往往想象力是丰富的。大人应该找到办法，比如问他"后来怎样"之类来激发他的想象力。

Part 3

秩序敏感期

（2~4岁）

Zhixu Minganqi

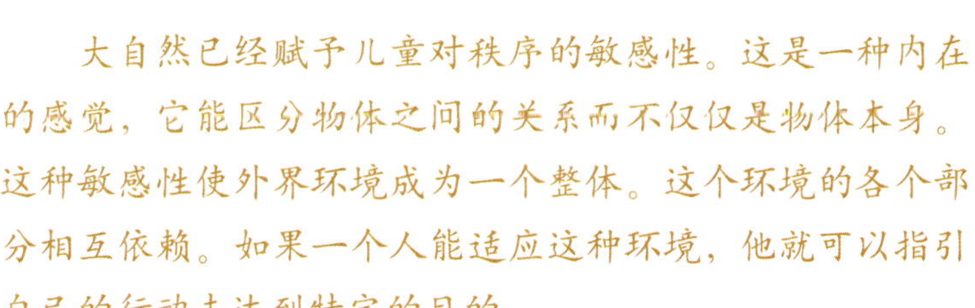

大自然已经赋予儿童对秩序的敏感性。这是一种内在的感觉，它能区分物体之间的关系而不仅仅是物体本身。这种敏感性使外界环境成为一个整体。这个环境的各个部分相互依赖。如果一个人能适应这种环境，他就可以指引自己的行动去达到特定的目的。

——蒙台梭利

秩序感是儿童生命的内在需要

蒙台梭利说：

1 秩序感是生命的一种需要，当它得到满足时，就会产生真正的快乐。事实上，在我们学校里，甚至3~4 岁的儿童在做完练习后，也会把那些东西放回到过去习惯放置的地方。这是他们最乐于做的事情之一。

2 很明显，儿童对秩序的热爱与成人不同。秩序给成人某种外在的快乐，但对儿童来讲就完全不同了，儿童对秩序的需要犹如动物需要陆地，鱼儿离不开水一样。

3 儿童并没有与我们相同的秩序感。经验使我们变得麻木，但儿童是单纯的，正处于感知外界印象的过程中。他从一无所知开始，不断地体验成长的艰辛。

解读经典：

周围的事物出现一定的秩序时，就能给人以愉快、舒适的感觉。这些秩序包括：均衡的、有比例的、对称的、有节奏的、有规律的事物等。

秩序感是先天而来的。据现代科学研究表明：孩子在胎儿时期，就对秩序感有了生物感应；3个月大的婴儿喜欢与脸型对称、均衡或讲究比例的人交流，从而获得秩序感，满足自己的心理需求；3岁前的幼儿如果被放在杂乱无章、陌生的环境中，就会哭闹，因为秩序感的打乱，让他变得没有安全感。3~4岁的宝宝如果有着良好的生活秩序习惯，那么，在他们6岁之后的人际交往中会表现出自如与和谐。

因此，父母要注意在各种活动中顺应宝宝的秩序感，培养他们有序的生活习惯，从而随着宝宝的逐渐长大，让他把秩序感深化为更深的内心体验，即安全感和归属感。

蒙氏经典活动

快乐的捉迷藏游戏

适宜年龄：2岁以上

活动道具准备：无。

活动开始啦：

1 孩子们一起玩捉迷藏。藏的孩子小A猫在盖着布的桌子底下。其他孩子看他藏好后走出房间。

2 其他孩子回来找到这个藏起来的孩子，他们非常高兴。

3 他们轮流地进行这个活动。

4 在一旁观看的大人觉得他们的捉迷藏不讲规则，想着是不是要他们按规则来……

活动提示：

这个游戏看起来一点儿也不符合捉迷藏的规则，因为事先找人的孩子们是看到小A藏在哪里的。但是他们却玩得非常开心。这时候，大人是让他们按规则去玩，还是继续让他们玩呢？对此，蒙台梭利说："儿童感兴趣的并不是找到东西，而是在它该在的地方找到它。"她认为："在儿童生命中某一个时期的快乐就在于在适当的地方找到东西。"

那么，既然孩子们认为，"躲藏"就是在一个隐藏的地方放置或找到某个东西。而且"正如他们自己所说的：'你们不能看到它，但是我知道它在哪儿，闭着眼睛也能找到它。'"那么，还是让孩子自己去快乐地玩耍吧。

相信有一天，他们也会按照捉迷藏的规则去玩的。

外在的秩序感

蒙台梭利说：

儿童具有两重秩序感。其中之一是外部的，这种秩序感从属于儿童对他本身与自己的环境关系的感知。

孩子需要一个有秩序的环境来帮助他认识事物、熟悉环境。一旦他所熟悉的环境消失，就会令他无所适从。幼儿的秩序敏感力常表现在对顺序性、生活习惯、所有物的要求上，如果成人没能提供一个有序的环境，孩子便“没有一个基础以建立起对各种关系的知觉”。

解读经典：

相对于客观存在的环境来说，人是主体，环境是客体。客体的存在对人的认知会产生各种各样的影响。孩子的成长也需要家长创造一个有秩序的环境，而这个环境是成人通过自己的活动创造的。

正如蒙台梭利所说：“儿童出生后的第一年里，就要从他们将来要支配的环境中得出适应的原则。由于儿童是由他们所在的环境塑造的，他需要精确和确定不移的原则来引导，而不仅仅是一些模糊的、建设性的模式。”这里尤其值得注意的是“精确和确定不移的原则”，它要求成人在做一切活动时注意孩子到了秩序敏感期时，为孩子的成长创造条件，而不是铺设善意的障碍。

蒙氏经典活动

为孩子创造一个有序的环境

适宜年龄：0岁以上

活动道具准备：日常生活物品。

活动开始啦：

1 宝宝的房间里放置一些低矮的家具。留出一片空间给宝宝活动用。方便宝宝能在适当高度的空间，用自己适合的能力自由的活动，从而实践秩序感。

2 大一点的宝宝，可以带到家里的其他房间，并由大人做活动，以告诉他某一房间是做什么用的。比如吃饭时带他到饭厅，一家人吃饭，告诉宝宝这是“饭厅”；爸爸妈妈看书或上网时去的地方是“书房”；睡觉时，带他到“卧室”，让他知道“这是睡觉的地方”，等等。通过家庭中空间的有序分割，为宝宝创造一个有序的大环境。

活动提示：

物品摆放有规则、环境布置很舒适的家庭空间能让宝宝情绪稳定。因此，家长要尽量为孩子创造一个有序的环境，不要在房间里摆放甚至随便堆积太多的东西。那些一时用不上的东西不妨收纳起来，从而使孩子从小就能在有秩序感的空间里心情愉快地活动。

内在的秩序感

蒙台梭利说：

儿童具有两重秩序感。一个是外部的，另一个是内部的，这使儿童意识到自己身体的不同部分和它们的相对位置。这种敏感可称为“内部定向”。

实验心理学家一直在研究“内部定向”。它建立在有意识地进行活动并积累了经验的基础之上。例如，这种解释主张如果一个人移动了手掌去拿东西，那么这个动作就会被感知并保存在记忆里，因而可以再次重复这个动作。一个人之所以可以选择移动他的右臂或左臂，朝着这个方向或那个方向转动，是因为他已经有了理性的和由意志所控制的经验。

当孩子从环境里逐步建立起内在秩序时，智能也因而逐步建构。

解读经典：

孩子的成长是伴着对自己身体和外部环境以及活动的认知成长起来的。孩子构建自己的内在秩序感时，他以手的运动为主的动作、记忆力、智能都得到了锻炼与开发。渐渐地，孩子通过有秩序的活动，形成有规律的生活习惯，变成一个做事有规律、讲规则的人。家长要注意孩子的秩序敏感，有意锻炼孩子的能力。

这里值得提示家长注意的是：家长自己也要注意在这方面有无缺点，以至于无形中就影响了孩子的内在秩序的建构。比如，有的家长开车走在路上，前边堵得一塌糊涂时，就会叹气、抱怨。这在家长看来，是正常的事情，而他却不知道，身边的宝宝也受到了他的情绪影响，会因家长的这种消极反应而变得焦躁、没耐心。

在孩子成长的关键期，家长以身作则最重要。

蒙氏经典活动

我会刷牙啦

适宜年龄：8个月左右

活动道具准备：宝宝和妈妈用的牙刷、牙膏、杯子。

活动开始啦：

1 妈妈挤牙膏，示范给宝宝看。然后让宝宝照样子挤儿童牙膏在牙刷上。

2 妈妈先漱口，示范给宝宝看。然后让宝宝也漱口。

3 妈妈开始刷牙：先刷咬合面，然后是外面、最后是里面，每一面都按着从右到左的顺序刷。在刷的过程中，示范给宝宝看。

4 宝宝学妈妈的样子刷牙。

5 妈妈刷完牙后，3次漱口。然后把牙膏和杯子刷干净。

6 宝宝照此做。

活动提示：

宝宝在最初学刷牙时，可能动作还不会精准、协调，但是家长要耐心指导。最重要的是示范给宝宝看，而不是说太多的话。通过训练，宝宝就会掌握刷牙的顺序了。

秩序感让孩子学会整理

ξ 蒙台梭利说：

1 儿童对秩序的敏感，在他出生后的第一个月就能注意到。一些东西放在恰当的位置时，他就会兴奋和高兴，从中我们可以看出儿童对秩序的敏感表现。那些依照我们的观察方法并受过专门训练的人很容易就能认识到这一点。

ξ 解读经典：

孩子天生具有对秩序的敏感反应。而这一反应可以经过一定的培育，使孩子成长为一个生活中自理自立，有着整洁有序的生活习惯的人，而且还可以使孩子获得完善的成长空间。在日常生活中，家长可以引导孩子参与日常的事务，比如让他们参与收拾生活用品，或者收拾他们自己的玩具和日用品来教会孩子有序地生活。

蒙氏经典活动

让玩具回到自己的家里

适宜年龄：1岁以上

活动道具准备：玩具、装玩具的包装盒。

活动开始啦：

1 宝宝开心地玩着玩具。

2 宝宝不玩了，妈妈走过来，对宝宝说："我们把玩具放到它的家里，好不好？"

3 妈妈带领宝宝一起把玩具放回包装盒。示范给宝宝看怎样放置。

活动提示：

- 在活动的过程中，宝宝可能会对包装盒的某个地方（比如折口）表示出兴趣。这时妈妈不要着急结束放玩具的活动，而是让孩子去探索。
- 妈妈示范过一两次后，可以有意地对宝宝说："这次由宝宝自己把玩具放回家吧。"锻炼宝宝自己收拾玩具的能力。这也能锻炼他独立完成活动的本领。

培养一个讲规则的孩子

蒙台梭利说：

当儿童生活在城市里时，他周围是一个充斥着各种东西的封闭环境。成人出于各种原因，会时常搬动和布置这些东西，儿童对此根本无法理解，他也无法对这些复杂的举动做任何判断。如果儿童过了这一对秩序的敏感期，他所感知到的这些混乱就可能成为他发展的一个障碍，成为心理紊乱的一个原因。

解读经典：

家长要注意为儿童创造一个有序的环境，而且要以身作则，在此基础上，有意地利用孩子的秩序敏感期训练孩子的秩序品格，把孩子从小培养成一个做事讲规则的孩子。而宝宝的规则可能和成人的规则存在巨大的差距，这时家长不要按成人的规则约束宝宝，而要问清缘由，采取相应的办法解决问题。

蒙氏经典活动

我的作息有规律

适宜年龄：1岁以上

活动道具准备：时钟

活动开始啦：

1 早上起床了。妈妈叫宝宝起床时指着时钟说：“宝宝要在这个时候起床。”

2 吃早饭时，妈妈指着时钟说：“宝宝要在这个时候吃早饭了。”

3 活动、睡觉时也这样，让宝宝知道“到这个时候”了。

活动提示：

通过这样的办法，让宝宝知道到什么时间就要做什么事情了。妈妈可以根据宝宝作息特点，安排一个科学合理且相对固定的作息时间表，并督促他们遵照执行。日久天长，一直这样做的话，不仅有利于妈妈观察宝宝的成长规律，同时也有利于宝宝形成时间观念，变得遵守时间，养成有规律的作息的生活习惯。

利用秩序敏感期培养孩子的美感

蒙台梭利说：

1 这是一个非常重要和神秘的时期。儿童对外界秩序有一段敏感期，这对我们来讲似乎有点奇怪，因为我们通常认为儿童的一个特点就是没有秩序感。

2 这一切表明，大自然已经赋予儿童对秩序的敏感性。这是一种内在的感觉，它能区分物体之间的关系而不仅仅是物体本身。这种敏感性使外界环境成为一个整体。这个环境的各个部分相互依赖。如果一个人能适应这种环境，他就可以指引自己的行动去达到特定的目的。

如果一个人的脑子中只有不同的图像，这些图像却又杂乱无章，那么这能带来任何益处吗？这种情况像是在一间屋子里面摆家具。一个人如果不懂得家具之间的秩序关系，那他的生活也一定是一团糟，让他无法得到解脱。

3 正是在童年时期，人们学会了如何在将来生活中指挥和引导自己。在敏感期里，大自然所赋予他的第一个本能是与秩序有关的，这就如同大自然给予人类一个指南针，让他们去适应世界；就如同一位教师给了学生一张教室平面图，从而教给他们第一个与地理有关的概念。自然也给予了儿童像成人一样说话的能力。人的智力不是凭空而来的，而是建立在儿童敏感期打下的基础之上的。

解读经典：

因此，利用孩子对秩序的敏感来培养孩子的美感，也是一个不容错过的机会。而且幼儿会随着年龄的增长，对秩序关系的感受越来越明确、越来越深入，会对具有美感的事物特别关注。也正因此，当他看到一幅美丽的图画时，他会说：“太美了！”当他看到公园里一丛丛排列成阵的花树开满鲜花时，他会说：“好美的花呀！”

事物与事物之间的大小、远近、高低、间距，都存在特定的比例，符合一定的比例就会存在美感，而一旦规律被打破，乱无章法的东西，则不具备美感。

在生活中，美无处不在。只要我们留心，我们是能够为孩子找到“美”的。

蒙氏经典活动

图画里画了些什么

适宜年龄：3岁以上

活动道具准备：画笔、画纸。

活动开始啦：

1 宝宝想画一座大楼。妈妈让宝宝画。

2 宝宝画完后，妈妈看到画纸中间是一座“大楼”，楼的左上方是一个“太阳”，楼的前边是几棵小草，小草旁边还有一个小娃娃。

3 妈妈问：“你能给妈妈讲讲你先画的是什么吗？”宝宝指图画，一一说明，说自己先画了大楼，可是大楼自己不好看，于是，他给大楼画上了草地。还说：“我想在草地上坑，太阳照着我，我在草上跳舞。”

4 妈妈问：“为什么把楼画这么大，把草画这么小呢？”宝宝想了想，说：“因为草太高了，我们就回不了家啦。”

活动提示：

- 宝宝画的是一个多么可爱的世界啊：阳光、绿草，在楼前快乐地跳舞的娃娃。妈妈通过提问，知道了宝宝画画的顺序。而宝宝虽然不懂美术的理论，但他却知道大楼自己放在纸上“不好看”，于是画了草地给大楼“做伴”。而且，宝宝可能是觉得大楼和小草太单调了，便把自己画在了图画里，让自己在阳光下跳舞。
- 你能说这样的图画不生动、不美吗？
- 孩子在画画时，根据自己理解的秩序画完后，这个画不可爱吗？

搭积木的空间结构

适宜年龄：2岁以上

活动道具准备：积木。

活动开始啦：

1 和宝宝一起搭积木。按照宝宝的想法来搭，大人在一旁听从宝宝的指挥。

2 宝宝搭好后，大人可以问“搭了几层啊？”“这里为什么搭成这个样子的啊？”“这里是做什么用的啊？”

活动提示：

搭积木的过程，是宝宝自己把头脑里创造的形状付诸实践的过程。这一过程充满了秩序和智慧。如有必要，家长要征得宝宝同意，协助宝宝完成他的搭建成果，并对宝宝进行表扬，激励他下次搭得更好。

秩序的破坏影响儿童的心理

ξ 蒙台梭利说：

秩序感使他们能认识到每样物品在环境中所处的位置，能记住每件东西应该放在哪里。这意味着，一个人能够适应自己的环境，能够在所有的细节方面支配它。心灵是这样与环境相协调的：一个人能闭着眼睛到处走动，只要伸伸手就能拿到他想要的任何东西。这样的环境是使一个人感到平静和快乐所不可或缺的。

ξ 解读经典：

一岁之后，孩子对秩序的要求变得苛刻起来，甚至到了固执己见的地步。他们坚持认为一个东西必须放在原来放的地方，改变了位置就是错的，他们就会因此而闹情绪；他们认为固有的流程就是固定的流程，任何人都必须遵守，一旦破坏了固有的流程，他们也会哭闹；他们还会认为东西一定要完整，稍微被别人破坏了，就不完整了，就要为此哭闹，甚至撒泼打滚，怎么劝也劝不住。

其实，这是孩子的秩序感在起作用，他们认为凡是被破坏的东西，都变得没秩序了，因此他们感到不安、恐惧。

父母要了解孩子的这种特定的心理和行为，不要以成人的眼光为孩子的哭闹定性，甚至因此批评、斥责、镇压他们。这样做会逐渐破坏孩子的秩序感，阻挠他们对标准和完美的追求，也扼杀了他们自律感的萌芽，容易给孩子心理造成伤害。

理解并尊重儿童秩序感敏感期的特殊要求，尽量满足孩子对事物固定秩序与完美无缺的追求。在这个时期，不强求孩子分享自己的物品，保护孩子的物权意识。

给孩子安排规律的生活，固定时间吃饭、外出、洗漱、讲故事、睡觉，等等。规律的生活给孩子安全感，有助于他们遵守规则。

当孩子因为某样“秩序”被破坏而哭闹时，平静地陪伴他、倾听他并予以同情，而后协助孩子找到解决问题的办法。如果孩子要求“重新来一遍”，不妨花费几分钟时间按照他的设计重新来一遍，否则你可能需要花费很长时间来平息他的不安情绪。别担心孩子会因此变得“小气”、“浪费”、“任性”。这只是儿童发展的必经阶段，不会一成不变。我们需要帮助孩子顺利度过这个阶段，以便今后更加健康的发展。

蒙氏经典活动

把引发孩子不良情绪的事物恢复原状

适宜年龄：6个月

活动道具准备：桌子、阳伞。

活动开始啦：

1 家里来了客人，把手里的阳伞放在了桌子上。这引起了主人家的小女孩的不安。这个小女孩才6个月。

2 小女孩看着这把阳伞哭了起来。来客以为孩子在要阳伞，于是微笑着把阳伞拿给了孩子。

3 小女孩把阳伞推到一边，继续哭闹着。任凭客人怎样安抚也没用。

4 母亲把阳伞从桌子上拿走，并把阳伞放到了另一间屋子里，小女孩立即安静了下来。

活动提示：

原来是客人的那把放在桌子上的阳伞引起了小女孩的不安和哭闹。桌子上本来没有阳伞，但客人却把阳伞放在了桌子上，这一放就打乱了小女孩对桌子原有的记忆方式。因此她变得不安起来。对于这种情况，一定要把物品恢复到原来的样子，使桌子还是桌子，而不是被阳伞“侵占”了的桌子。

Part 4

感官敏感期

（0~6岁）

Ganguan Minganqi

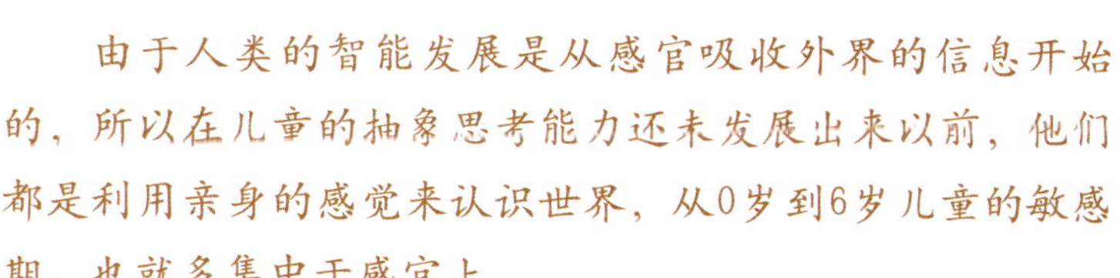

由于人类的智能发展是从感官吸收外界的信息开始的，所以在儿童的抽象思考能力还未发展出来以前，他们都是利用亲身的感觉来认识世界，从0岁到6岁儿童的敏感期，也就多集中于感官上。

——蒙台梭利

感官敏感期到来了

蒙台梭利说：

由于人类的智能发展是从感官吸收外界的信息开始的，所以在儿童的抽象思考能力还未发展出来以前，他们都是利用亲身的感觉来认识世界，从0岁到6岁儿童的敏感期，也就多集中于感官上。

婴儿诞生时他已经能运用感官并且对光、触摸、声音等有所反应。

解读经典：

婴儿出生后，就会通过自己的感官来了解所处的环境了。他们会通过眼、耳、鼻、舌、手、脚等器官慢慢地来感受这个世界。他们渐渐地可以看清楚各种各样的事物、听到各种声音、闻到各种气味……也正是这些感觉的开启，才使得宝宝能够逐渐由近及远地认识这个世界。

3岁以前，宝宝处于潜意识的吸收心智阶段，他们就像蓄电池吸收能量一样吸收周围环境给他们的各种信息，以备将来所用。3~6岁的宝宝则具备通过感官分析，判断环境里的事物的能力。具体来说，0.5~3岁的宝宝已经具备了感官经验，语言能力；0.5~4岁的宝宝对细小的事物产生兴趣；2~4岁的宝宝具有时间上、空间上的秩序感。

蒙氏经典活动

我用小嘴巴触摸这个世界

适宜年龄：0岁以上

活动道具准备：无。

活动开始啦：

1 帮宝宝把手洗干净，允许他吸吮自己的小手。

2 在宝宝躺着时，妈妈可有目的地将宝宝的小手放置在宝宝胸前，让他吸吮任意一侧的手指。

3 随着宝宝的逐渐长大，他还会把随手抓到的东西放到嘴里去“咂摸”。

活动提示：

- 妈妈要注意不可让宝宝吮着手指睡觉。
- 除了他的小手外，宝宝渐渐长大后，动不动就会用嘴去咬或舔偶然碰到的东西，如被褥角、袖子之类。这一时期的宝宝正处于口腔敏感期，他们喜欢往嘴里塞各种东西，然后慢慢品味。这是宝宝的正常反应，大人不要觉得脏，就把东西从宝宝嘴里拿出来，然后把宝宝的手固定住，尽量不让他因为拿不到东西，再次把手放到嘴里。这样的做法是错误的，宝宝这时正开始用手和嘴去感觉世界，我们应该给他机会，而不是扼杀他的探索实践。
- 我们大人要做的是，洗干净他的手，把他能够得着的东西都弄干净，而且注意不要把容易被宝宝吞咽的东西放到旁边，排除有安全隐患的东西。

创造有利的感觉环境

蒙台梭利说：

1 我们也应该在儿童的感官开始对外界环境累积印象时，对他进行观察。因为只有在那时，一个生命才开始依靠环境自然地发展起来。

2 愿意帮助儿童的人不必求助于复杂的观察或幻想的解释，只是他必须要有帮助儿童的愿望和一些有关儿童的常识。

解读经典：

如果你有心，你会观察到，如果有人在宝宝身边谈话，他会侧着耳朵细细地听。他还会伸出小手去寻找抓握的事物，如果这时你把手指放在他的小手里，他会抓住你的手，你稍一用力，他也会用力……

宝宝就是这样开始他们对自己成长的世界的认知的。他们有着强烈的探索精神和求知欲望，虽然他们不会用嘴巴说出来，但我们可以通过他们的动作观察出来，他们是多么渴望了解周边的一事一物啊。

父母亲除了对宝宝有着关注和呵护外，必要的专业知识也是不可少的。在蒙台梭利的时代，受限于社会环境的发展，一般的父母可能不具备多少养育宝宝、开启他们各种能力的常识。而在今天，信息超级发达，随便到网上就可以搜索到全球范围的育儿知识，父母获取信息的方便与快捷性都不是蒙台梭利的时代可比的。因此，父母更应该多学习专业的知识，提高自己养育宝宝的能力。只有父母的能力提高了，宝宝才会在成长中少走弯路，才会健康而无憾地成长。我们不要因为自己的不专业，而让某一天已经长大成人的宝宝说：“唉，可惜我爸爸妈妈那时候不知道锻炼我这方面的能力啊。”

让宝宝在安全可靠的前提下，尽量最大限度地发挥他的探索能力，尽量让他探索的触角伸向各个方向、各个领域吧。

蒙氏经典活动

爱抚可爱的宝宝

适宜年龄：0岁以上

活动道具准备：无。

活动开始啦：

1 爸爸妈妈把宝宝抱在温暖的怀中，怀着柔情抚摸宝宝的小脸、小胳膊、小肚子、小腿、小脚丫，并呼唤宝宝的乳名。

2 把宝宝的耳朵贴着爸爸妈妈的心脏，让宝宝聆听到父母心脏规律的跳动声。

3 爸爸妈妈也可以轻轻亲吻宝宝。

活动提示：

拥抱和亲吻宝宝，可以使他感受到父母最亲密的呵护和爱。聆听父母的心在他身旁的规律性的跳动声，可以帮助宝宝熟悉环境，平静心情。这些有助于宝宝将来形成安定的触觉系统，稳定宝宝的情绪。

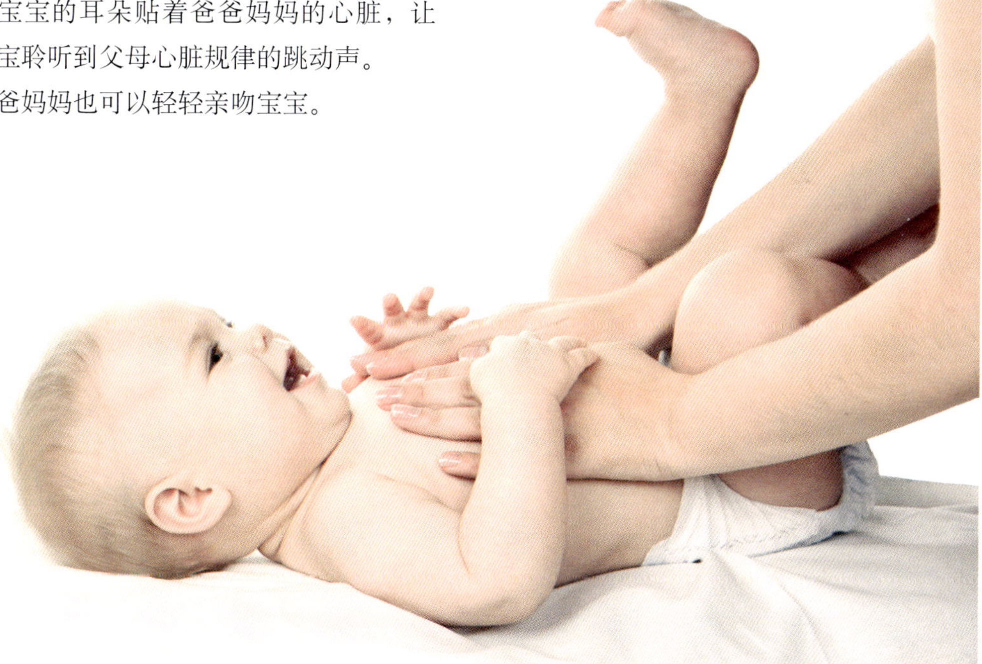

孩子用手逐渐接触这个世界

蒙台梭利说：

手指的触觉练习有其局限性，但这必须成为教育的一个阶段，因为这为人的一生当中通过手指来进行触摸打下了基础。

经典解读：

通过对皮肤的抚触刺激，可同时刺激到宝宝的神经系统，特别是大脑的神经系统，进而产生整合和成熟化的作用。

宝宝触觉的发展历程：在宝宝出生后，其触觉发展会逐渐扩展。在0~2个月大时，其触觉发展主要以反射动作为主，这些反应都是为了觅食或自我保护。等到3~5个月大时，宝宝可以将反射动作加以整合，利用嘴巴与手去探索，并感受到各种触觉的不同，开始懂得做简单的辨别。等到6~9个月大时，宝宝的触觉发展已经遍及全身，会用身体各个部位去感受刺激、探索环境。等到10个月大之后，宝宝的触觉定位越来越清晰，开始分辨出所接触的不同材质。

手指是宝宝触觉的一个最重要的器官，它可以帮助宝宝知道软和硬、大和小、凉和热、方和圆……因此，对手的训练是非常重要的。在蒙台梭利时代，人们所能想到的触觉训练方法虽然有限，但也为开启孩子的认知大门提供了一个非常有效的办法。我们不妨多加借鉴。而且，在我们信息传递如此快速且丰富的时代，家长之间交流育儿心得的机会变得越来越便捷的情况下，我们可以根据专业人士的指导，创造出越来越丰富的适合我们这个时代的宝宝认知世界所需的更有针对性的办法。

蒙氏经典活动

触摸法刺激宝宝的触觉

适宜年龄：0岁以上

活动道具准备：无。

活动开始啦：

1 一手握住宝宝的上臂，一手由臂膀开始，缓缓向手腕方向轻压触按。

2 一手举起宝宝的手臂，另一只手的拇指进行旋推按摩。

3 一手握着宝宝的小手，另一手的掌心轻轻抚摸宝宝的小手背。

活动提示：

- 轻触宝宝，对宝宝的情绪发展也很重要。爸爸妈妈经常爱抚宝宝，会让宝宝产生安全感，而且也容易让宝宝的注意力集中起来。
- 通过刺激宝宝的胳膊和手，可以让宝宝的手变得更加敏感。

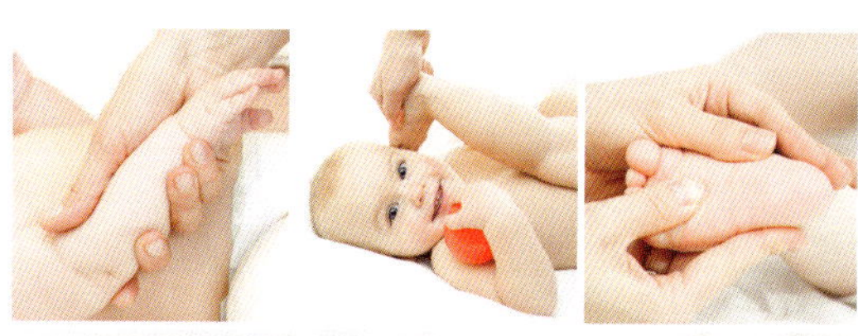

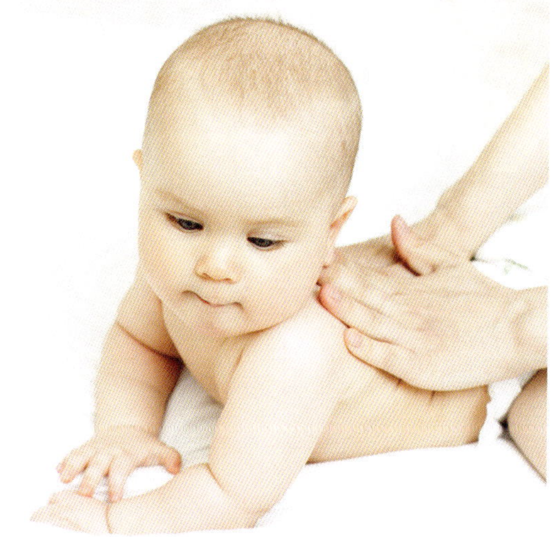

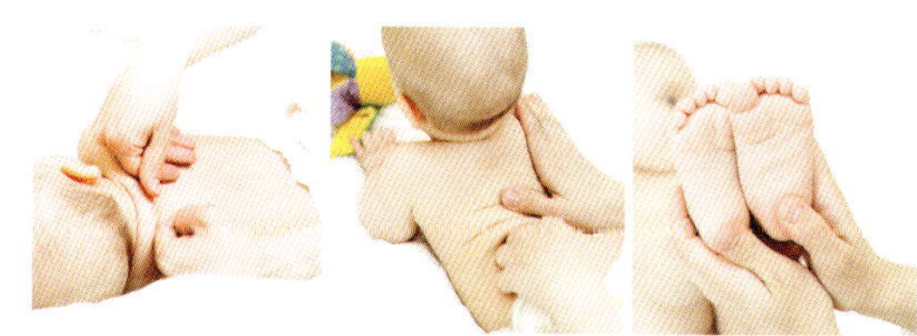

闭上眼睛，轻轻地触摸

蒙台梭利说：

1 我们应当牵着孩子的手，非常轻微地接触物体表面。

2 另外一项特殊的技巧是，当孩子触摸的时候，要让他闭上眼睛，告诉并鼓励他可以通过触觉进行更好的分辨，这样就可以引导孩子在没有视觉的帮助下，区分不同的触觉。孩子很快就能学会，并且表现出对这种练习的热情。

经典解读：

触觉是人体最基本的感觉，它发展得很早。在人体，分布着最广泛的、最复杂的感觉系统就是触觉，因此它是宝宝认识世界的主要方式。我们可以通过各种各样的触觉训练，让宝宝感受到不同的触觉刺激，感受不同的事物，促进宝宝的动作和认知的发展。

蒙氏经典活动

按摩宝宝的脚

适宜年龄：0岁以上

活动道具准备：无。

活动开始啦：

1 一手托着宝宝的脚，另一手的拇指放在宝宝的脚底部，从脚跟开始，向脚趾的方向轻轻地推按。

2 一手托着宝宝的脚，另一手从宝宝脚趾根开始，往脚趾尖轻轻揉捏。

3 一手托着宝宝的脚，另一手轻轻按压宝宝的每根脚趾，并轻轻往上拉。

活动提示：

不要觉得宝宝的脚没有触觉哟，他的小脚也很灵敏的。通过脚部的触摸，可以刺激宝宝脚部的感觉，而且还可以活血，有助于宝宝脚底的血液循环。

摸摸这些小东西

适宜年龄：1个月以上

活动道具准备：笔、卷成宝宝能握在手里的小毛巾或小布头卷儿、小西红柿等。

活动开始啦：

1 把这些不同材质的东西分别放在宝宝手里，让他抓握感触。

2 虽然宝宝听不懂，但是爸爸妈妈可以告诉他这些分别是什么，做什么用的，感觉怎样。比如：“这是笔，它是写字用的，摸上去很硬。”“这是小毛巾卷，是擦干用的，摸着软软的。”“这是一个小西红柿，可以吃，摸着滑滑的、凉凉的。”

活动提示：

- 让宝宝充分运用各种感官，接触、探索各种不同物体，了解不同物体的特性，给宝宝丰富的触觉刺激。
- 注意准备的东西要保证卫生。

触觉和热觉同时进行

蒙台梭利说：

触觉和热觉的练习可以同时进行。总的说来，在洗澡的时候，对热的感觉要比触觉更加敏感些。对于触觉的练习，触摸是非常必要的。另外，将双手置于热水中还有其他好处：可以教会孩子爱清洁，比如当手不干净的时候就不要去接触东西。因此，我将生活当中的一些概念，比如洗手、修剪指甲等，当作一种准备性的活动，用来为触觉刺激做准备。

经典解读：

其实冷和热也要通过与源头相接触才能感受到。蒙台梭利在生活中，注重随时让宝宝进行感觉训练。她提出了洗澡时让宝宝感觉“热”的训练。这样的办法可以启发爸爸妈妈们，要灵活，善于从生活中找到各种活动锻炼宝宝的感觉。

蒙氏经典活动

用手来感觉冷水、热水、温水

适宜年龄：1岁以上

活动道具准备：分别准备3小盆水，里面分别放着手感凉、温、热的水。

活动开始啦：

1 家长先带着宝宝的手，一起分别感受3盆水的热度。

2 让宝宝闭上眼睛，把手放在某个盆里，让他猜是凉的、温的，还是热的。

活动提示：

- 注意热水的温度要适度，不要烫到宝宝。
- 如果宝宝喜欢玩水，可以分别放一些能沉浮在水中的玩具，让宝宝看重的玩具沉入水底，轻的玩具浮在水面。

区分光滑的和粗糙的

蒙台梭利说：

你带着孩子，让他闭上眼睛，然后触摸你的手掌心，或者是你的衣服的布料，最好是丝绸或者是天鹅绒质地的。通过这种方式，孩子的触觉就可以得到锻炼，他们会乐于去触摸任何柔软的表面，同时对于砂纸表面之间的触觉差异也会非常敏感。

我们还可以利用一些粗糙程度不同的纸条，从最光滑的到最粗糙的砂纸。其他地方的材料同样也可以加以运用。

经典解读：

闭上眼睛，让宝宝感受丝绸的柔滑，是一种多么愉快的感受！我们家长可以随时找到这类办法，让宝宝辨识光滑与粗糙的物体表面。比如我们可以把棉线含量高和低的袜子摆在宝宝面前，让他感觉哪只袜子光滑，哪只袜子粗糙；我们还可以在买衣服时带上宝宝，让他知道我们是如何挑选衣服的，告诉他我们抚摸衣服表面的感觉。好奇心强烈的宝宝，肯定也会用小手像个行家似的去抚摸的。

蒙氏经典活动

捏泥巴

适宜年龄：1岁以上

活动道具准备：无色、无味的安全的泥巴或彩泥。

活动开始啦：

1 给宝宝换上简便的衣物，给他带上袖套。

2 妈妈在宝宝面前用黏泥巴做示范捏出一个小人，或是小乌龟什么的，然后给宝宝一些黏泥，让他试着捏。无论宝宝捏出的是什么，都要给他鼓励。

活动提示：

可以让宝宝知道黏糊糊的泥巴还能捏来捏去，捏出东西来。培养宝宝敏锐的观察力与创造力以及动手能力。

掂一掂重量

蒙台梭利说：

对重量的感觉，我们可以利用小木块，这些小木块非常有效。它们长6厘米，宽8厘米，厚0.5厘米。木块由3种材料制成：紫藤、胡桃和松树。重量每个相差6克，分别是24克、18克和12克。这些木块应当非常光滑，如果可能的话，应当上清漆以消除任何表面粗糙，同时，木头的天然原色也得以保留下来。孩子通过观察木头的颜色，可以知道这些木块的重量是不一样的，这就提供了一种练习的方法。让孩子两手各拿一个木块，手指平摊，将木块置于手掌上面，然后让孩子的双手上下移动，以便测量重量。孩子手上下活动的过程应当越来越轻微，最终到无法察觉。我们应当让孩子通过不同的重量，而不是颜色来进行区分，因此应让他们闭上眼睛。孩子学会自觉这样做后，就会对“猜”非常感兴趣了。

经典解读：

通过蒙台梭利的这个案例，我们可以发现宝宝能掂出重量相差很小的（6克）物品。我们也可以仿照蒙台梭利的办法来锻炼宝宝掂重量的能力。

蒙氏经典活动

给轻重排排顺序

适宜年龄：2岁以上

活动道具准备：重量不一，大小相同的木块，或者可以找来三四个空墨水瓶，里面分别装着不同的米粒。

活动开始啦：

让宝宝掂一掂哪个重，哪个轻。由重到轻排好顺序。

活动提示：

- 如果数量太多，不好分辨，可以先排3个，然后增加到4个、5个。
- 告诉宝宝，表面看上去一样的东西，只要用手掂一掂，就知道它们哪个轻哪个重，从而区分它们了。

拉锯比赛

适宜年龄：1岁以上

活动道具准备：一条彩带。

活动开始啦：

1 在妈妈和宝宝中间放一条彩带。然后妈妈的双手相应握着宝宝的双手，告诉宝宝："来，拉大锯，看看谁有力！"然后向自己这方拉宝宝的手。拉完让宝宝向自己的方向拉妈妈的手，双手过彩带则算宝宝赢了。

2 妈妈在此过程中，可以逐渐加力，让宝宝感受妈妈的力度由轻到重、由重到轻的变化。从而也刺激宝宝的力气相应发生变化。

活动提示：

锻炼宝宝的腕力、臂力、平衡力。

触觉与视觉联合起来

蒙台梭利说：

1 当我请人将字母刻在木板上，让孩子顺着沟纹临摹时，他们很快就能认得了。即使是智能不足的孩子，凭借这种教具的帮助，在经过一段时间后，他们也能写一点字母了。从这一实验我了解到，对于尚未完全发展的儿童，触觉经验是一种很大的帮助，于是我制作了一些简单的字母让他们能用指尖去触摸感受。当这些正常孩子得到这些帮助之后，便产生了意想不到的结果：他们大约是9月中旬以后开始学习这些字母的，年底就可以写圣诞卡了，真是做梦也没想到会如此神速！

2 视觉和肌肉触觉的联系可以帮助儿童加深对形状的认识。我曾经让一个孩子用他的右手食指去触摸（本书中的触摸一词不但说明手指和物体的接触，而且也包括了手指和手沿着物体轮廓移动的过程）物体的轮廓，然后让他去触摸这一物体应当放置的孔洞的轮廓。我们成功地让这一动作成为孩子的一种习惯。这很容易实现，因为所有的孩子都喜欢触摸。通过对缺陷儿童的研究工作，我已经认识到，在各种各样的感觉记忆中，肌肉感觉是最具优势的。实际上，许多儿童无法通过视觉去认识一个物体，但是却可以通过触摸，也就是说通过对轮廓线的感觉和计算来实现这一点，这对大多数孩子来说都是事实。当他们不知所措，不知道要将物体放到哪里的时候，他们的尝试都是徒劳的。然而，只要他们触摸了物体和物体所要放置位置的轮廓时，就能够很好地将物体放到准确的位置当中。毫无疑问，将肌肉触觉和视觉联系起来，可以极大地帮助儿童对形状的感知，并且有助于他们对此的记忆。

经典解读：

如果蒙台梭利不去实验，她恐怕是不会想象到孩子居然也可以通过触摸的方式认字与写字。这对我们来说，用这种方法去解决孩子不爱写字的问题未尝不是一个好办法。它也告诉我们，在对宝宝进行感觉训练时，我们可以找到各种办法去代替最通常的办法来训练宝宝某方面的能力，而不一定是用最直接的办法去强迫宝宝去做。用视觉和肌肉感觉训练宝宝的记忆力和感知力，就不失为一种好办法。

蒙氏经典活动

用手心认字母

适宜年龄：2岁以上

活动道具准备：清水。

活动开始啦：

1 用手蘸点清水在宝宝手心写上字母：A、B、C，并教宝宝认读。

2 宝宝记住后，让宝宝闭上眼睛，然后在他手心里写字母，并让他猜。

活动提示：

通过这个有趣的活动，可以让宝宝认字母，并锻炼宝宝用触觉辨别字母的能力。还可以写数字、汉字等让宝宝猜。

开盖，盖盖

适宜年龄：9个月以上

活动道具准备：准备一只带盖的塑料茶杯。

活动开始啦：

妈妈把茶杯放在宝宝面前，向他示范打开盖，再合上盖的动作。然后让他练习只用大拇指与食指将杯盖掀起，再盖上，反复练习，宝宝做对了就称赞他。

活动提示：

发展宝宝的手眼协调能力。

摸一摸，猜一猜

蒙台梭利说：

对于感官知觉的练习，目的在于通过感觉来认识物体，也就是说，通过触觉的帮助和同时进行的肌肉感觉来认识物体。

我们使用的第一种教学材料来自于福禄贝尔长方体和立方体。我们让孩子注意这两个固体，进行认真准确的感觉。这个过程是睁眼的。同时，通过一些重复的过程使孩子注意呈现给他们的物体。在这之后，要求孩子们在不看物体的情况下，将立方体放到右边，长方体放到左边。最后，要求孩子在被蒙住眼睛的情况下再次重复这一练习。在2~3次之后，几乎所有的孩子都能够完成，并且不犯任何错误。

提示：因为这套教学材料总共有24个立方体和长方体，所以花费的精力要多一些。但是毫无疑问，孩子在进行这一练习的时候，他的一群小伙伴正在非常感兴趣地注视着他，这大大增加了他的喜悦。

经典解读：

蒙台梭利的办法非常值得我们借鉴。如果不是看到她记载的这个实验，我们甚至不相信小小年纪的孩子竟然会有这样棒的触觉。这里要提醒一下的是，先是用视觉来让宝宝观察，然后通过触觉让宝宝感知，最后让宝宝通过触觉判断。将视觉与触觉结合在一起进行训练，但最主要的是触觉训练，而视觉是为了辅助这一训练的。

蒙氏经典活动

闭着眼睛归类

适宜年龄：1岁左右

活动道具准备：玉米粒、黄豆、大米各3~5颗。

活动开始啦：

1 分别拿起3种颗粒中的一粒，让孩子认识这些颗粒。

2 然后让孩子闭上眼睛，拿起一粒米，仔细地触摸，感受它的形状如何。依此办法，分别教宝宝触摸一下黄豆和玉米粒。

3 打乱归类，混在一起。

4 蒙上眼睛，让孩子重新归类。

活动提示：

开始的时候，可以不要太复杂，少放一些，然后可以渐渐多放。

捏一捏哪个软，哪个硬

适宜年龄：1岁左右

活动道具准备：一个是绒球，一个是棒球。

活动开始啦：

1 把绒球放在宝宝手中，让宝宝捏一捏，然后告诉他这种感觉是“软”。

2 把棒球放在宝宝手中，让他捏一捏，告诉他这种感觉是“硬”。

活动提示：

如果不好找球，可以用其他一软一硬的东西替代。比如毛巾和香皂盒等。之所以事先蒙上宝宝的眼睛，而不是让宝宝看到东西是什么，就是为了让宝宝在不受视觉的干扰下，全心地感受“软”和“硬”两种感觉。

耳朵像一支乐队

蒙台梭利说：

耳朵也像一支乐队，拥有能振动的鼓和弦。

解读经典：

蒙台梭利这句话告诉我们听力产生的原理。我们可以利用这个原理，训练宝宝的听力。

蒙氏经典活动

敲水杯辨声音的强弱

适宜年龄： 1个月以上

活动道具准备： 4个水杯，按由多到少的量放上水。

活动开始啦：

分别敲击4个水杯，让宝宝辨别声音的强弱。

活动提示：

这个活动可以提高宝宝听觉的敏锐性。

听力极其重要

蒙台梭利说：

1 听力之所以具有特殊的重要性，是因为它与讲话的感觉器官相连。因此，训练孩子注意去听周围环境产生的各种声音并辨别和区分它们，就是为孩子更清楚地聆听发音学习语言而做准备。当老师跟孩子讲话时必须注意发音清晰，并且发音要到位，即使在很小声地说话，好像是在讲什么秘密时也要注意这点。让孩子们唱歌，也是一个锻炼准确发音的好方法。老师在教孩子们的时候，发音要慢些，把每个字的音节都分开来发。

2 在一个4个月大的婴儿身上可以看到另一个这样的例子。他的眼睛一直盯着一个正在讲话的成人的嘴唇。这个婴儿翕动的嘴唇和头的固定姿态，表明她已经被那个成人的声音所吸引。到6个月大时，这个婴儿已经能掌握一些独立的音节了。但是在他能发出这些语音之前，他一直在注意地听，激发着他的发音器官，这表明他已经有一条激发动作的心理原则了。

解读经典：

听力对孩子认识事物、心理成长和学说话非常重要。宝宝在出生后就有听力，家长要随着宝宝在成长过程中听力发展的特点，选择适合的听力训练。

蒙氏经典活动

听声乐做舞蹈

适宜年龄：0~1个月以上

活动道具准备：准备一些轻柔、优美的乐曲。

活动开始啦：

1 对于初生不久的宝宝，妈妈可以给他放一些音量轻柔、音色优美的乐曲。

2 在让宝宝听这些音乐时，妈妈可以面带微笑，拉着宝宝的小手，摇动他的手舞蹈。

活动提示：

- 和谐、悠扬、柔和的音乐对宝宝的听觉和语言能力的发展很有益处。
- 妈妈在喂宝宝吃奶时，可以放一些轻柔、愉快的音乐，这样可以促进宝宝消化道活动和消化液分泌。
- 每次播放音乐时，将声源放在不同的方向，这样可以锻炼宝宝对声源的辨别能力。

眼睛是一架奇妙的照相机

蒙台梭利说：

1 眼睛一直被描绘成“充满活力的照相机”，当然，它的结构奇妙无比。

2 当我们提到这些伟大的器官在心理发展中所起到的作用时，我们并不把它们看作是机械的装置，而是看作获得知识的工具。一个人通过这些奇妙和有活力的工具与世界接触，并用这些工具来满足自己的心理需要。

3 看和听本身并不重要，但是它们却有更高的目的，那就是通过看和听，使一个人得到塑造和发展。

解读经典：

可以说眼睛是我们获得信息的最重要的工具。据科学研究，人类有80%的信息是通过眼睛获得的，可见眼睛的重要性。

宝宝出生后，外界的光线激活他的视觉，他会把眼睛转向光亮的地方。可以说宝宝从一出生就进入了视觉敏感期，这是宝宝的第一个敏感期，也可以说是他成长的第一步台阶。迈上这个台阶，今后宝宝其他方面能力的发展也会加速。

对这样一个重要的敏感期，家长一定要抓住这个敏感期，积极地、有专业性地对宝宝进行视觉训练，为他在将来认识自己、认识世界奠定基础。

蒙氏经典活动

看看黑白挂图

适宜年龄：0岁以上

活动道具准备：黑白对比的图形：黑白靶心图、国际象棋棋盘、黑桃（梅花）的扑克牌、黑底白花或白底黑花或黑白相间的衣服、黑白相间的图，等等。如果没有这些设备，家长可以在A4纸上画出这些黑白相间的事物。

活动开始啦：

1 选择其中一种图挂在宝宝视力（3个月内婴儿约50厘米）所及的地方，沿着一定顺序缓缓移动。

2 把图指给宝宝看。

3 挂一段时间后，再换一种图。

活动提示：

- 并非如平常我们所认为的，刚出生的宝宝喜欢看那些色彩鲜艳的东西，他们更喜欢看那些明暗相间、黑白交界的事物。因此，可以在宝宝很小的时候，挂一些这样的图案给他看。
- 当然，随着宝宝的不断成长，他的视觉也会慢慢发展起来，会变得喜欢色彩鲜艳的事物。这时，家长也要根据情况来调节恰当的视觉刺激手段。
- 值得引起注意的是，不要把图片固定在一个位置上，防止宝宝发生斜视或“斗鸡眼”。

看到的印象

ξ 蒙台梭利说：

不到1岁的儿童能够对他周围的事物形成清晰的印象，并且能从图片中认出它们。但需要进一步注意的是，儿童一旦获得了这些印象，就会很快对它们失去兴趣。

从第二年开始，儿童不再对漂亮的物体和鲜艳的色彩喜不自禁了，而这种狂喜恰恰是敏感期的特征。

ξ 解读经典：

让宝宝对感兴趣的东西发生兴趣，是对处于敏感期的宝宝进行训练的一个原则。对于宝宝视觉训练也是如此。现代科学研究表明，宝宝的视力最晚在1岁时发育完全。即在1岁时宝宝拥有成人的视力。那么，在此之前宝宝视觉也是存在的，也有着相应的特点，比如3个月的宝宝能够对眼前的物体进行定位，4个月的宝宝可以看到远近的差异，而3~7个月的宝宝形成了立体感，6~8个月的宝宝可以随着物体的移动而移动，等等。

蒙氏经典活动

看彩色大图

适宜年龄：2个月以上

活动道具准备：三四幅彩色的大挂图（如大的年画、爸爸妈妈的婚纱照、给宝宝看的彩图等）。

活动开始啦：

1 爸爸妈妈每天竖抱着宝宝观看挂着的彩图。一边看，爸爸妈妈还要一边给宝宝讲解画面内容，引起宝宝的注意，让宝宝跟着你一起看画。

2 此活动可以每天重复1~2次，逐渐地宝宝会对其中一幅显出特有的兴趣，宝宝的表现是视线长久落在其中一幅彩图上，而且眼睛闪闪发亮，甚至一看到这幅画就会手舞足蹈。

活动提示：

- 宝宝在欣赏图画的过程中能获得色彩的丰富刺激，而且宝宝在看图时能分辨出一模一样的画面，每次都能发现这幅画，这也能说明宝宝视力发展很好，对宝宝的美感判断力也有帮助。
- 一周后更换为另外的3~4幅彩图，以后可以每周更换一组。到第四周时可以将每次选出的喜欢的图片重新罗列展出，让宝宝在喜欢看的图片中选择最喜欢的一幅，也可以将图片按不同组合再次挂到墙上，看宝宝在选择上会不会发生变化。

嗅觉敏感期

蒙台梭利说：

儿童的嗅觉并没有很好的发展，这使得通过这种感觉来吸引孩子们的注意力变得很困难。我们使用过一种方法，不过这种方法还没有经过足够次数的重复，还不能成为某种方法论的基础。我们让孩子闻鲜花的味儿，比如紫罗兰和茉莉花等。然后，蒙上孩子的眼睛，对他说："现在，我们要给你一些鲜花。"这时，一位小朋友拿着一束紫罗兰到他的鼻子下面，让他猜花的名字。为了区分香气的浓郁程度，我们只用了比较少的花，有时甚至只是一朵花。

但是对于这种感觉的训练，就像是味觉的训练一样，只能在午餐时间进行，在那个时刻，孩子能够学会识别许多气味。

解读经典：

通过蒙台梭利这两段话，我们不难看出，在蒙台梭利的时代，对嗅觉的研究还没有十分发达。而在我们信息时代的今天，"嗅觉"为我们带来的信息也是非常重要的。闻一闻食物的气味不对，我们是不能吃它的；闻到烟味、煤气味等存有危险的气味，我们是要远离或呼救的；闻到天然的花香味，我们是会欣赏的……看来嗅觉对我们来说是如此的重要。我们也有必要在教育孩子时，对他的嗅觉多多开发才是。一方面让他们学会体验嗅觉带来的心旷神怡的美的享受；另一方面，也让他们学会保护自己，用嗅觉带给我们的不对劲的气味，提高警惕——要知道，有时候，我们的鼻子比眼睛和耳朵更能迅速地发现危险的存在。

蒙氏经典活动

激活宝宝的小鼻子

适宜年龄：半个月以上

活动道具准备：醋、香菜、芹菜、大料、香水或香囊、橙子或柠檬等。

活动开始啦：

1 妈妈手拿一种有味道的东西，比如醋瓶子（也可以用浸过醋的棉布），对宝宝晃一晃，引起宝宝的注意。

2 将醋瓶子放到自己鼻子底下闻闻，说："鼻子醒醒。"然后根据气味带来的感觉做出表情和动作，比如吧唧嘴和皱眉，同时说："好酸啊！"

3 将醋瓶子放到宝宝的鼻子底下，跟他说："宝宝的鼻子醒醒，闻闻什么味道？"感觉宝宝已经闻到味道了，就告诉他："酸。"

4 宝宝闻味时，要认真观察宝宝的表情，你可以看到他做出抗拒或喜欢的样子。这时你要根据他的表情给出解释"酸，口水都出来了"或者"甜，好甜蜜的感觉啊"等，解释的时候自己也给出合理的表情，让宝宝更容易理解这种味道带来的感觉。

活动提示：

- 隔几周玩1次，选宝宝情绪好的时候。
- 可以让宝宝熟悉各种气味和味道，逐渐培养出对不同气味和味道的敏感性，并把味道和感情联系起来。
- 注意闻起来气味不要太强烈，在对准宝宝的鼻子时，不要一下子全部都放在鼻子下面，而应该一手拿着东西，另一手轻轻向宝宝的鼻子处扇风，让气味渐渐传递到宝宝鼻子中。这样做可以防止因为气味过浓刺激了宝宝的鼻子。
- 此外，不要强迫宝宝闻他已经表示不喜欢的味道，另外游戏不能玩得太频繁，以免引起宝宝的反感。

快乐的味觉测试

ξ 蒙台梭利说：

至于味觉，使用各种不同味道的溶液，比如苦、酸、甜、咸等，去接触舌头，是一个可行的办法。4岁的孩子很乐意参与这样一种游戏，这多少可以解释为他们喜欢漱口。因为，孩子们乐于识别各种味道，而在每次测验之后，他们学会了打一杯温水仔细地漱口。从这个意义上来讲，对味觉的练习也是讲卫生的练习。

ξ 解读经典：

味觉是一种不太容易引起家长注意的感觉。而事实上，味觉对宝宝成长来说是非常重要的。4~5个月的婴儿对食物的微小改变已很敏感。6个月~1岁的婴儿进入味觉敏感期，他们在这一阶段味觉发展得最为灵敏。这一阶段也是幼儿从“流食”进入到“半流食——固体食物”的适应过程。这时期，父母要多给他品尝各种食物，不仅促进他的感觉和知觉的发育，而且能培养良好的饮食习惯，使他接受食物的范围扩大，从而不会因为食物范围偏窄而引起挑食或食欲不振。

蒙氏经典活动

尝尝各种各样的味道

适宜年龄：6个月以上

活动道具准备：3个小碗和3根筷子，3个小碗里分别放上糖水、醋、浓度较稀的盐水、苦瓜汁或咖啡汁。

活动开始啦：

1 爸爸或妈妈分别用筷子蘸一点水，放在口中尝一尝，然后告诉宝宝“甜的。”“酸的。”“咸的。”“苦的。”

2 然后让宝宝尝一尝，观察宝宝的反应。

3 看到宝宝脸上露出愉悦的笑容时，妈妈就说：“宝宝笑了，宝宝喜欢这个味道，妈妈也尝尝。”尝过之后露出跟宝宝一样的表情。

4 当用筷子蘸苦瓜汁、醋、盐水等给宝宝品尝，宝宝露出厌恶或委屈的表情时，妈妈就说：“宝宝不喜欢这个味道，妈妈也尝尝。”自己品尝后伸伸舌头，说道：“啊，真苦（酸、咸）啊！怪不得宝宝不喜欢。”

活动提示：

家长先品尝，在品尝的时候要注意表情，不要显得很痛苦的样子，给宝宝消极的暗示，而要表情平淡，这样宝宝即使尝到味道难以接受，也不会表现得太过于激烈。

解决贪吃等毛病

蒙台梭利说：

只有人才会染上贪食的恶习，贪食使他盲目地吃下过量的甚至实际上是有害的食物。因此，我们可以说，一旦出现了心理偏离正轨的情况，人们就失去了保护和确保自己处于健康状态的敏感性。我们可以在心理偏离正轨身体健康的儿童身上找到证据，他们很快就会出现饮食习惯失衡的情况。这些儿童（心理偏离正轨的儿童）一看到食物就被吸引住了，他们仅凭自己的味觉来选择食物。这种自我保护的本能，一种与生命息息相关的内部力量，被削弱了甚至消失了。

解读经典：

适度即为美，饮食也是如此。虽然孩子长身体需要足够的饮食，但是如果一旦过度，反而有害。这里蒙台梭利举出儿童出现的一种饮食毛病：贪吃。她在提到贪吃的现象时是有前提的，即这个孩子的心理偏离了正轨。她的这一观点提示我们要注意，如果孩子一旦出现贪食情况时，要注意从儿童的心理上找原因，看看孩子是不是因为孤独、生活单调、心情不畅导致的通过多吃食物来寻找某种安慰。此外，家长也要注意两点：一是自己在这方面是不是也给孩子做了负面的影响，即家长要反思一下自己是否贪吃，一旦遇到好吃的，便吃个不亦乐乎，无法停止。二是，是不是自己盼着孩子长身体，吸收营养，结果有意让孩子多吃，甚至在吃零食方面不加控制。

此外，在味觉的发育过程中，如果家长不注意，经常给孩子吃或喝某种味道的食物，而且孩子越喜欢，家长就越偏向于给孩子某种他偏好的味道的食物，这样就容易导致孩子偏好某种味道，这样的孩子就容易偏食、挑食了。怎么解决呢？注意让孩子多食清淡的食物，这样可以保证味蕾对各种味道的敏感性，从而提高对食物的接受度，也就会不容易挑食和偏食了。当然，我们只是从味觉的单一角度来看待挑食、偏食这个问题，孩子在生病时，也往往会出现这种情况，因此家长要注意及时给孩子治疗疾病，而不仅仅是从味觉上找原因。

蒙氏经典活动

定时定量地吃饭

适宜年龄：6个月以上

活动道具准备：爸爸妈妈准备好自己定量的饮食，给孩子也相应准备好定量的饮食。可以把盛放食物的大盆子全部撤走，只留装有足够饭量的碗、碟在一旁。

活动开始啦：

1 注意了解孩子贪吃的心理方面和环境方面的因素。为孩子解决掉这些因素。

2 每天定时吃3餐，按定量的食物来吃。

3 鼓励宝宝，说："我们每个人在吃完这些东西后，都做到不再多吃。看谁做得最好。"

4 宝宝做到了，可以奖励他。不一定是物质方面的奖励，如给他以拥抱，伸大拇指赞许，等等。

活动提示：

这里需要提醒的是，如果孩子贪吃到了一定程度，如在短时间内，频率较高地吃掉超过正常情况下数倍的食物，这时家长要注意，应带孩子看医生。

孩子比大人更容易捕捉细节

蒙台梭利说：

1 儿童关注最微小的细节，他们一定是在带着轻蔑的眼光看待我们，因为他不懂得心理综合，而我们却经常使用。结果，儿童必然认为我们多少有点儿无能，认为我们无法正确地理解。从儿童的角度来看，我们不够精确。由于我们不关注细枝末节，他就认为我们迟钝和无能。

2 忙碌的大人常会忽略周围环境中的微小事物，但是孩子却常能捕捉到个中的奥秘。因此，如果孩子对泥土里的小昆虫或衣服上的细小图案产生兴趣，正是培养孩子巨细无遗、综理密微的习性的好时机。

解读经典：

成人的关注与儿童的关注是有区别的，成人往往从大局着眼，而儿童却关注细节。这一点造成了儿童与成人的矛盾。正如蒙台梭利所说："如果儿童表达自己的观点，他一定会告诉我们，他极不信任我们，就像我们不信任他一样，这是因为我们各自的思维方式是如此的不同。这就是为什么儿童和成人不能相互理解的原因。"

为了让儿童能够信任成人，首先成人就要对儿童表示信任，承认儿童特有的思维方式。并在他特定的敏感期里锻炼他细致观察的能力。

蒙氏经典活动

你看的是花，我看的是小虫子

适宜年龄：2岁左右

活动道具准备：无。

活动开始啦：

1 小女孩在花园里哈哈大笑。她正坐在平台的砖块上，带着一副心驰神往的神态。附近有一个美丽的花坛种满金黄的葵花，在骄阳下显得十分艳丽。但这个小女孩并没有看花儿，她把眼睛盯在地上，那里显然没什么可看的。

2 大人被小女孩那种奇妙的、不可捉摸的样子打动了。大人慢慢地走近小女孩，仔细观察那块砖，但没看到任何特别的东西。正在大人百思不得其解时，小女孩用郑重其事的口气对大人说："那里有个小东西在动。"在她的指点下，大人看到了一个微小得几乎看不见的昆虫，颜色与砖块一样，正在上面迅速地跑着。

活动提示：

- 一个小女孩竟然看到一个和砖的颜色相同的微乎其微的小昆虫，而且还为此开怀大笑！这是多么奇妙、可爱的一双眼睛啊。这个故事是蒙台梭利亲自观察到的一个案例。她对小女孩的好奇非常关切，她陪小女孩一起观察，但没有观察到任何东西。而是在小女孩的提示下，才发现了那个令小家伙开心得哈哈大笑的小虫子。
- 蒙台梭利的办法启发我们家长：当发现宝宝有奇怪行为的时候，不要随便打扰他，而是做一个旁观者去观察他，这将有助于培养孩子的专注品质。如果中途打扰他，他可能就再也不去仔细观察细小的事物了。

用手“看”小东西

ξ 蒙台梭利说：

他们也慢慢开始能够用手触摸来识别只有细微差别的小物体，比如玉米、小麦和水稻。

对于不用眼睛就能“看”，孩子们备感骄傲。他们会伸出手来喊道“这是我的眼睛”“我可以用我的手来看”。

ξ 解读经典：

除了能用眼睛观察细小的事物之外，手也是一个很不错的观察工具。家长可以借机训练孩子用手指区分细小的事物，使他们的手和脑变得更灵敏，也可以提高他们的辨识力——要知道，有时候眼见未必为实，而手触却可以判断是真是假，比如判断一张纸币的真假，用眼睛怎么看怎么像真的，但用手一摸，可就“露了馅儿”了。

蒙氏经典活动

摸一摸，猜一猜

适宜年龄：2岁以上

活动道具准备：1颗大米、1粒小米、1粒红豆。

活动开始啦：

1 先让孩子睁着眼睛，摸一下大米，并让他记住这是什么颜色的。

2 以此方式让孩子摸一下小米，并记住它是黄色的。摸一下红豆，让他记住这是红色的。

3 蒙上孩子的眼睛。让他分别摸一下3个小东西。问他“这是什么？”“它是什么颜色的？”

活动提示：

通过活动，可以使触觉与视觉联系在一起。即，如果摸到大米，孩子会知道对应的颜色是白色的。如果摸到小米，会知道对应的颜色是黄色的。摸到红豆，会知道对应的颜色是红色的。

摸一摸哪个大

适宜年龄：2岁以上

活动道具准备：黄豆、绿豆、玉米粒。

活动开始啦：

1 让孩子分别看一下它们的形状。并告诉他哪个是黄豆，哪个是绿豆，哪个是玉米粒。

2 蒙上孩子的眼睛，把3个小颗粒放在他的手里，让他猜分别是什么。

活动提示：

通过观察黄豆、绿豆和玉米粒的区别，让孩子对它们的形状有个基本的判断。然后蒙上眼睛让孩子猜，可以使他头脑中的判断与手的感觉联系起来，并用事实来检验他猜的是否正确。孩子最初非常喜欢做这样的活动，甚至自己还会找出一些东西来，让家长来猜猜看。

美是心灵的需求

蒙台梭利说：

心灵需要不断地得到滋养，需要看到冉冉升起的红日或令人喜悦的艺术品，需要聆听悦耳的嗓音和音乐。每个人也将会对各种不同感官印象进行审美和判断。

解读经典：

美是能够使人们感到愉悦的。其实不用怎么刻意去观察，美在我们的生活中无处不在，我们的衣、食、言、住、行，无处不有美的诉求与美的创意。当然，还有更让人类无法仿效的大自然之美：高山大河之美，日出落花之美，冬雪春雨之美……美无处不在，无时不有，关键就在于我们是否有一双捕捉美的眼睛。

不要以为美是成人的感受，错了，其实，孩子从1岁开始就有了美的追求了。他会要求吃的东西是完整的，再长大些，比如到了2岁半左右，他会变得很挑剔，他要坚持把自己认为美的衣服穿在身上，挑他喜欢的颜色的书包，等等。因此，我们对进入审美敏感期的孩子捕捉其特点，并合理引导，也能使孩子的心灵从小种下一颗“美丽”的种子。

蒙氏经典活动

看美丽的日出

适宜年龄：2岁以上

活动道具准备：照相机。

活动开始啦：

1 早晨，家长带着孩子去视野开阔的地方，面向东方，看太阳升起。

2 在太阳升起的过程中，拍下太阳的照片。

3 把照片传到电脑上，和孩子一起观看并回想日出的景象。

活动提示：

通过让孩子看到日出前的美丽景象，让孩子心理构建日出的美感。拍下照片，供孩子回味。而且告诉孩子，可以通过拍照的方法把“美”表现出来。

给花留下纪念

适宜年龄：2岁以上

活动道具准备：画笔、画纸或相机。

活动开始啦：

1 公园里的花开时节，家长带孩子去游玩。

2 可以让孩子画出他认为美丽的花，并介绍这是什么花。

3 家长可以拍照留作纪念。甚至教孩子拍照，留下纪念。

活动提示：

让孩子懂得认识花的种类，不同种类的花的不同美丽之处，并知道如何把美丽的东西保留下来。

满足要求，合理引导

蒙台梭利说：

这些儿童的母亲对所发生的一切赞叹不已，并跑来告诉我在她们家里所发生的事。她们坦白地说："这些三四岁的小孩，如果不是我们自己的小孩，他们说的话会令我们恼火的。例如他们说'你的手多脏，应该洗洗了。或者你应该把衣服上的脏东西洗干净。'当我们听到他们说这样的话时，并不生气。我们仿佛是在梦中听到了他们的告诫。"事实上，这些贫穷的人开始变得清洁、整齐了。窗台上的破水壶、破罐子不见了，窗玻璃干净得在阳光底下闪闪发光，院子对面的窗口上，天竺葵也开始怒放了。

解读经典：

这段话是蒙台梭利当年创办的穷人学校的孩子经过教育后的表现。孩子经过教育，对整洁、美观有了要求。家长通过自己的行动，使居住的环境变得美丽了。虽然他们很贫穷，但他们因为整洁而变得美丽了。

我们所处的时代，物质生活比蒙台梭利所处的时代丰富得多了。孩子们对美丽世界的好奇也大大提高了。他们可以发现到处有"美"的存在，尤其是女孩子。她们要穿妈妈的高跟鞋，要抹口红，还要戴首饰。但凡她们认为美的东西，她们都想"据为己有"。对于孩子的爱臭美，家长要合理满足其要求，也要适当引导，不要因为美而忽略了品德修养，或养成为了美而不计一切代价的性格。

蒙氏经典活动

我的写真照我要自己造型

适宜年龄：3岁左右

活动道具准备：无。

活动开始啦：

1 家长带孩子拍写真照。告诉孩子自己可以为自己造型。让孩子自己挑选认为美丽的衣服、饰品，也可以让他自己去为自己化妆。

2 在孩子挑选的过程中，家长可以询问孩子：为什么选这个？

活动提示：

通过孩子自己为自己做造型，保存下一份有纪念意义的"臭美影集"，这对孩子将来也是一项不错的回忆哟。而且，将来孩子长大后，形成更理性的美感时，她也许会对自己从前的"臭美"表示不可思议哩。这不恰恰说明"美"的标准也是随着孩子的成长而提高的吗？

原来高跟鞋不可以长时间穿

适宜年龄：3岁

活动道具准备：高跟鞋。

活动开始啦：

1 看妈妈穿高跟鞋，爱漂亮的小女孩小C也要穿。妈妈觉得小孩子穿高跟鞋不适合。但小C坚持要穿，妈妈无奈只得让她穿。

2 小C穿着高跟鞋在地上拐着脚“走来走去”，走了一会儿就失去了兴趣。妈妈这时问：“为什么不穿了？”小C说：“太沉了。”

活动提示：

- 好一个爱美不惜代价的小家伙呀。妈妈的劝阻对她根本不起作用，因为她并不知道为什么不适合，即使说了会扭伤脚，她也会因为没有扭疼的经历而坚持要穿的。这位妈妈聪明之处在于，答应你的“臭美”要求，你美够了，看你自己有什么感想。结果呢，我们的小C只记得“沉”，而忘了美。
- 美是有限度的，家长这样合理的引导，无疑为那些无论如何也要选择不适合自己的“美”的孩子，上了很好的一课。

Part 5

动作敏感期

（0~6岁）

Dongzuo Minganqi

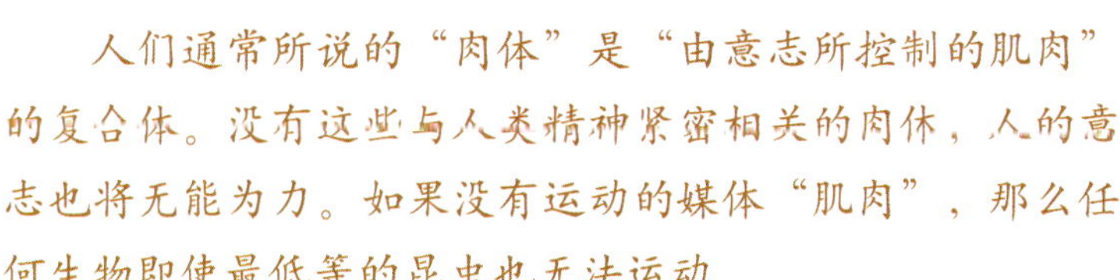

人们通常所说的“肉体”是“由意志所控制的肌肉”的复合体。没有这些与人类精神紧密相关的肉体，人的意志也将无能为力。如果没有运动的媒体“肌肉”，那么任何生物即使最低等的昆虫也无法运动。

——蒙台梭利

运动对心理发展极为重要

蒙台梭利说：

1 运动或身体的活动对心理的发展，要比视觉和听觉更重要。

2 运动，即身体的活动也能产生同样的效果（指的是“使一个人得到塑造和发展”）。这需要各种各样的器官，即使它们不像耳朵的鼓膜或眼睛的晶体那样高度的专门化。教育和生活本身的目的就是一个理性的人能够支配自己的行动，使得他的行动不仅仅因为感官的刺激而本能地应用，而且是受理性本身的控制。如果一个人无法达到这个目的，他就不能获得理性的人所渴望的那种人物角色的统一。

3 儿童的行为表明，远在能自由运动和具有那些经验之前，他就已经具有了对身体各种姿势的高度敏感。换句话说，大自然已经给儿童提供了一种特殊的敏感性，这一特性能使他感受到身体的各种姿势和位置。

解读经典：

运动与心理的关系是相互促进、相辅相成的关系。运动需要心理给予命令才得以进行，而反过来，运动的发展也促进心理的发展。

爸爸妈妈应该创造有利条件，让宝宝充分地运动，让他的头、手、脚、四肢、腰腹都得到很好的锻炼，促使他能够做到动作正确、协调、熟练，促进他的左、右脑的均衡发展。而且，每个活动都与宝宝的心理发展相关，充分满足宝宝的活动，可以满足宝宝的好奇心，促进其智力、意志力的发展。

蒙氏经典活动

抬头训练

适宜年龄：1个月以上

活动道具准备：无。

活动开始啦：

1 在宝宝情绪好的时候，把宝宝俯卧放在床上，两臂弯曲放在胸前，手心向下，支撑着身体。

2 妈妈手拿一个玩具，放在宝宝前上方，叫宝宝的名字，逗引宝宝，让宝宝抬头看看这是什么。

3 练习结束后，妈妈可以让宝宝侧身，抚摸宝宝的后背，让他的肌肉放松，同时也让他感觉到妈妈的爱。

4 宝宝的头颈力量增强后，可以试着竖直地抱着宝宝，把他的头靠在大人肩上，大人一手抚着宝宝的头，一手指着周围的事物，介绍给宝宝看。

活动提示：

- 宝宝仰面躺在床上时，只能看到很少的一部分，甚至是白白的天花板。当宝宝可以趴着抬起头，或者可以竖着抬着头，随大人“走”一圈看到周围的事物时候，他的视力范围就大大地开阔了。
- 这样一来，宝宝的颈部力量会得到锻炼，而且也会启发宝宝的智力，让宝宝拓展兴趣范围，从而为将来各方面能力的发展打下基础。
- 不要在吃完奶后让宝宝练习。练习时间一两分钟即可，不宜过长。

运动与肌肉密不可分

蒙台梭利说：

1 人的个性形成是实体化的一项秘密工作。儿童是一个谜。我们知道儿童拥有最丰富的潜力，但是我们所不知道的是他将如何发展。他只有根据自己的意愿才能实体化。人们通常所说的“肉体”是“由意志所控制的肌肉”的复合体。没有这些与人类精神紧密相关的肉体，人的意志也将无能为力。如果没有运动的媒体“肌肉”，那么任何生物即使最低等的昆虫也无法运动。

2 各种类型的肌肉彼此配合，才能完成最复杂的活动。

解读经典：

肌肉之间的关系是非常复杂的。蒙台梭利曾引用一位解剖学家的话说：“一个学生对所有的肌肉至少必须研究7年，才能对它们有初步的认识。”这其实也正说明了肌肉对于人体的重要性。

那么，肌肉在运动中是怎样的一种存在呢？蒙台梭利认为：“一些肌肉主动，而另一些则处于被动状态。它们时而一起工作，时而相互排斥。一种抑制总是伴随着一种驱动力以及对这种抑制的调整。许多肌肉一起协调工作，才能完成最复杂的动作。每一动作以及动作的调整都需要其组成部分同时行动，每一块肌肉都将参与工作，从而使动作趋于完美。”

看来，我们的肌肉通过特定的训练可以使运动趋于完美，这也正是那些竞技体育的选手们的表演为什么给我们美感的原因所在。

我们不一定非要把孩子培养成优秀的竞技体育选手，但我们至少应该做到，让孩子的肌肉得到锻炼，让它们协调运作，从而有助于孩子所从事的活动能顺利地进行，努力取得完美的结果。

蒙氏经典活动

拉一拉，坐起来

适宜年龄：1~3个月

活动道具准备：无。

活动开始啦：

1 让宝宝仰卧在床上。

2 妈妈用双手紧握住宝宝的双手，感到宝宝在用力时，慢慢地将他拎起来，使他从躺的姿势变成坐的姿势。每天可以玩3~4次。

活动提示：

- 锻炼宝宝全身的肌肉，对他日后练爬行和学走路都有帮助。
- 游戏时间一次不要超过2分钟。

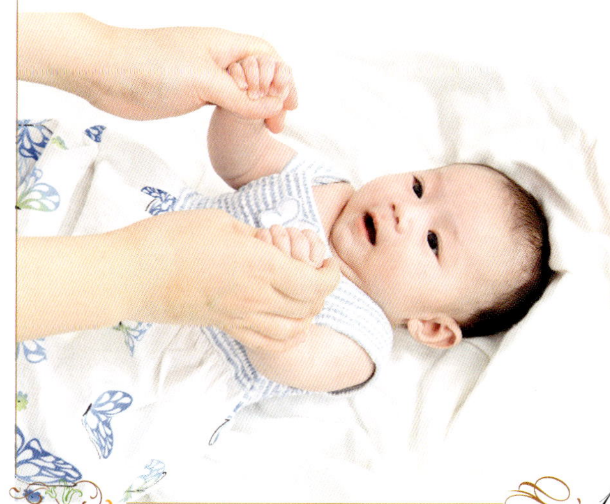

闻闻小脚丫

适宜年龄：3~6个月

活动道具准备：无。

活动开始啦：

1 让宝宝仰躺在床上。

2 妈妈抓住宝宝的脚踝，慢慢弯曲宝宝的膝盖并靠近身体。最好让宝宝用手触摸自己的膝盖，继续把宝宝的脚向上抬，慢慢让脚尖触碰宝宝的头部或者干脆送入他的嘴里。妈妈开心地和宝宝说话："宝宝的小脚丫，自己闻一闻？"

活动提示：

- 锻炼宝宝腿部和腹部肌肉。
- 脚底也是很重要的感觉器官，和手指一样也应该让它经常触摸各种东西，接受各种刺激。

让儿童独立地完成自己的动作

ξ 蒙台梭利说：

1 如果我们过分热心或者用夸张的动作给儿童示范如何做事的话，儿童的自我思考和判断能力就会受到压抑。可以这样说，儿童的自我本应去支配他自己完成这项活动，但却被另一种自我取代了。后一种自我更强有力，但却不属于儿童。这个外来的自我有力地掠夺了儿童还不成熟的行为方式。

2 如果儿童要发展他的内心生活，人们不仅应该允许他碰各种东西，用这些东西来工作，并且还应让他使用一种合理和始终如一的方式去做。这一切对儿童人格的发展极为重要。

3 如果一个正在发育中的儿童，不运用他的运动器官，他的发展就会受阻，与那些丧失了视力或听觉的人比起来，他更加举步维艰。一个“失去肉体自由”的人将比盲人和聋哑人遭受更多、更深的痛苦。虽然盲聋人被剥夺了与环境沟通的手段，但经过一个适应的过程，他们其他感官的敏锐，至少可以弥补一些不足。另一方面，身体的活动与一个人的个性是密切相关的，没有一样东西可以代替它。一个人如果没有认识到这一点，就会对自己产生不利的影响。他还会背离生活，把自己逼进一个没有出路的深渊。

4 儿童十分喜欢独立地完成工作，并且干得非常卖力。自由行动的儿童，不仅从他的周围与环境中搜集感官印象，并且喜欢一丝不苟地进行他的活动。那时，他的精神似乎游离于现实存在和自我实现之间。儿童是一个发现者。他在选择自己合适的发展形式方面尽管尚未定型，但具有灿烂的前景。

由于成人不知道儿童身体运动的重要性，他们就会在这方面加以阻挠，导致儿童发展的失调。甚至科学家和教育家也没能注意到运动在人的发展中的重大作用。

经典解读：

千万不要人为地阻止宝宝的每一次自我活动，他之所以想活动，就是想使自己的运动器官得到锻炼。如果被父母阻止，宝宝“将比盲人和聋哑人遭受更多、更深的痛苦”，他的个性形成将受到不良影响。为此，家长就要做到：

1 一定要尊重宝宝的自我创造力。他是个天生的学习者，他会随着成长法则，使自己的能力变得越来越强的。

2 环境准备。当发现宝宝出现某种动作的敏感期时，家长应尽量为他提供一个满足其成长需求的环境。

3 协助而不是干预。宝宝尽情地投入其中时，家长不要干涉他，让他放手去做。家长所要做的是，在一旁观察宝宝不要出现安全问题，适时予以指导。

4 对宝宝多加鼓励。要给宝宝克服困难的机会。宝宝遇到困难时，不要冲上去代宝宝解决困难，而是要么在一旁关注，要么鼓励他进行尝试，这样才有助于培养宝宝克服困难的意志力，同时也培养了他努力想办法克服困难的“谋划力”。

蒙氏经典活动

让我放置碗筷

适宜年龄：2岁以上

活动道具准备：碗、筷子。

活动开始啦：

1 吃饭时间到了，妈妈端来的碗筷放在桌上，就去厨房拿菜了。

2 等妈妈端着菜回来，发现宝宝正在像个小大人似的，一手拿着碗一手拿着筷子放到一个座位前。

3 妈妈一脸吃惊，但没有打断孩子，而是让他自己完成了这个活动。孩子做完了，脸上露出开心的笑容。妈妈也开心地笑了。

活动提示：

- 不要觉得孩子做家务是一件显得很没意义的事情。要知道，这种“自然而然”的活动中，孩子锻炼了自己的手与物体的关联。宝宝怎么知道要把碗筷分到不同的座位前？肯定是以前观察留下的记忆使然。而他能将一个碗配一双筷子，而不是一支，这不也是观察的结果吗？他主动去做，这不是一种非常了不起的精神吗？

- 孩子在不经意间，其实正在学习怎样生活。这不值得高兴吗？

动作是实现意志、促进心智的方式

蒙台梭利说：

1 一个人的身体必须不断地进行复杂的动作。由于意志只有通过动作才能得以实现，因此，当儿童试图把意志付诸行动时，我们应该帮助他。儿童有一种天生的欲望，就是能自由地支配他的运动器官。如果他不能这么做，他就无法表现他的智力。因此，意志不仅仅用来指挥行动，还能促进智力发展。

2 一个人的肌肉应该是自由的，它能对意志的每个命令迅速地做出反应。肌肉只有通过长期的锻炼和练习才能迅速服从意志发出的命令。只有在这时候，这些必须共同运动以执行命令的肌肉群，才能按它们应有的功能共同发挥作用。

3 儿童的运动并不是偶然的情况。他在自我的指导下，对这种有组织的运动进行必不可少的协调工作。经过无数次的协调经验，他的心智不断发展，他的表达能力也在不断地进行自我协调、组织和统一。因此，儿童必须能自由地决定和完成他想做的事。

经典解读：

对宝宝而言，想做什么，就做什么，就是一种创造。当宝宝想做事情时，家长不要打扰他，要让他的肌肉在自由的意志下得到锻炼，让他的心智在锻炼中得到开启。

蒙氏经典活动

翻山越岭也要拿到它

适宜年龄：1岁以上

活动道具准备：沙发垫子、书、小被子等摞起来做障碍，另准备1个宝宝喜欢的玩具。

活动开始啦：

1 妈妈坐在地板上，脚底顶着沙发，膝盖略向上屈起，把障碍物放在妈妈和宝宝之间或者玩具和妈妈之间，让宝宝必须跨过妈妈和障碍物才能拿到玩具。

2 妈妈鼓励宝宝去拿玩具，跟他说："宝宝，小熊在那呢，它想让你去跟他/她玩。"诱导宝宝去拿玩具，然后规定方法："宝宝爬过妈妈的膝盖，再从小被子、小垫子上爬过去就能跟小熊玩了。"

3 宝宝翻越障碍的时候，妈妈在一边鼓励："宝宝爬大山了，加油。"拿到玩具后，妈妈要表扬他："宝宝爬过大山了，真坚强。"

活动提示：

让宝宝连爬带走翻过各种障碍，既考验他的肌肉力量和上下肢配合的默契度，也考验宝宝坚持到底的决心。

串起来

适宜年龄：2岁左右

活动道具准备：一些大眼的扣子、小眼的扣子、粗线、细线。

活动开始啦：

1 宝宝开始对穿线有了兴趣。妈妈找来一些大眼的扣子和粗线，给宝宝进行练习用。

2 宝宝拿起粗线和扣子，很认真地穿了起来。

3 后来妈妈把扣子换成了小眼的，线也变细了。这样一来，宝宝穿线的难度增大了。但他还是仔细地穿了起来。

活动提示：

- 孩子想要穿线时，说明到了孩子肌肉发展的敏感期。这时妈妈可以提供一些材料供他练习。难度从易到难，引导孩子提高肌肉动作的难度，从而提升孩子肌肉动作的发展水平。
- 在穿的过程中，非常考验孩子的耐力。

儿童的“散乱”是自我塑造的过程

蒙台梭利说：

1 由于他正处在自我塑造的过程中，所以他的运动有一个特征，就是这种运动并不是出于偶然和漫无目的。儿童并不仅仅是在漫无目的地跑、跳和拿东西，并把屋子搞得满地狼藉。儿童的建设性活动是从别人的活动中得到的启发，他努力地去模仿成人使用或处理物品的方式。他还试图在使用同一个东西时，和成人做得一模一样。因此，儿童的活动与他的家庭和社会环境有着直接的联系。

2 儿童想要去扫地、洗盘子、洗衣服、倒水、洗澡、梳头、穿衣，等等。儿童的这种天赋倾向，可以称作“模仿”。儿童建设性的行为本质上是一种智慧，缘于心理的因素。儿童在做某件事之前，已经知道自己想做什么。他看到另一个人在做某件事时，他自己也渴望去做。

经典解读：

常有这样的情景出现在家长们的眼前：孩子把玩具、生活用品摊了一地，弄得乱七八糟的。见到此情此景，难免会让人烦恼甚至是生气。有些家长就控制不住自己，大声质问孩子：“你在干什么？”有些则会责备孩子：“你看你，弄得乱七八糟的！”有些能控制住情绪的家长则会问：“宝宝，你在做什么？”但他们其实心里很奇怪：孩子怎么就不知道收拾东西，反而是搞破坏呢？

其实，这不是儿童故意破坏什么，他们正在努力模仿大人的一举一动，也想像大人那样把物品进行使用或归类、搁放起来。如果稍微留一下心，就会发现，当大人想做一件事情时，孩子总像跟屁虫一样跟在你身后，或像小影子一样黏在你身边，他们想跟你一起去做。你为什么不给他们机会呢？

当他们有机会不受打扰地去从事一件自己乐于去做的事情时，他们是快乐的，当他们做完这件事情时，他们会发自内心地感到高兴。

让孩子们自由地去做吧！

蒙氏经典活动

我是在给娃娃穿衣服呀

适宜年龄：2岁以上

活动道具准备：衣服、玩具。

活动开始啦：

1 宝宝拿着自己的各种各样的衣服，摊放在地面上、床上，弄得乱七八糟的。还有几个横七竖八的玩具围在宝宝周围。有的玩具被衣服盖着，有的衣服压着玩具。

2 妈妈很奇怪，就问宝宝："宝宝，你把衣服都弄出来，做什么呀？"

"妈妈，我想给娃娃穿衣服。"

妈妈奇怪："娃娃不是有自己的衣服吗？"

"我就是想给娃娃穿我的衣服啊。"

"哦哦，那好，你穿吧。"

3 于是妈妈让宝宝自己去给娃娃们穿衣服了。

活动提示：

这位妈妈很聪明，没有打乱宝宝的活动，也没因为宝宝的想法不切合实际而阻止宝宝去做。因为妈妈知道，要给宝宝试着去实现自己的想法的机会。

走路是儿童主观努力的结果

蒙台梭利说：

人类要通过主观努力学会走路。尽管人像其他动物一样有肢体，但人必须用两肢而不是四肢来行走。猴子的手臂很长，当它在地面上行走时，可以给予协助。人是唯一的、完全依靠两条腿来平衡走路的动物。四足动物行走时，会交替地抬起一条前腿和与之成对角线的后腿，并让另两条腿着地。但人走路时，先用一条腿支撑着自己，然后再换另一条腿支撑。大自然已经解决了行走的难题，只是采用了不同的方法而已。动物是本能地学会行走，而人类是通过主观的努力才学会走路的。

解读经典：

既然人与动物不同，人是通过主观的努力才学会走路的，那么我们自然应该尊重孩子为走路所付出的主观努力，而不是去无视，甚至是扼杀这宝贵的主观意愿。

一般来说，宝宝长到10个月以后，就会有走路的强烈愿望了。这时父母要做好协助工作，配合宝宝走路练习的每一个阶段。

这里值得注意的是，为了宝宝安全起见，父母要尽量为宝宝创造一个安全的环境：

1 场地空间：要为宝宝创造一个宽敞的空间练习走路用，这个空间与宝宝不能去的地方要用障碍物分隔开。

2 在宝宝刚刚会走路的时候，地面要平整，不要太光滑，以防宝宝摔倒。

3 把家具的棱角用软的材料包起来，不要让宝宝碰到一些可以随手拿起放到嘴里的小东西，也不要把热水瓶、刀具等器具放在宝宝的“必经之路”上。

4 要注意对宝宝自身的保护。如在排尿后练习；练习的时候不要给宝宝带尿不湿，以减少宝宝迈腿的障碍；每次练习时间不要过长，要看宝宝的耐受力来进行。

蒙氏经典活动

扶着东西走

适宜年龄：1岁以上

活动道具准备：无。

活动开始啦：

1 爸爸站在一头，妈妈站在一头，让宝宝从一头走向另一头。

2 还可以让宝宝扶着大人的手，大人在宝宝的带领下，随着宝宝向前走。

活动提示：

- 这一阶段宝宝最需要训练的是平衡能力。
- 一般来说，宝宝最初可以独立行走时，往往会扶着东西，而一旦放开手后，也就只能“踱”两三步的样子。因此，爸爸妈妈最初的间距不要太远。要随着宝宝能力的提高，循序渐进地拉开距离。
- 在第二种方法中，要注意的是，不要由大人主动发力，而是由宝宝主动发力，让宝宝带着大人走，大人只起到让宝宝保持平衡的作用。如果宝宝平衡能力不错的时候，大人可以试着放手，让宝宝尝试自己去迈步向前走。

不要对孩子防范过当

蒙台梭利说：

1 儿童尝试走路的时候，仿佛是在受一种不可压抑的动力驱使。他勇敢无畏，甚至在尝试中草率鲁莽，就像一个真正的士兵，不管遇到什么困难，他都坚持向胜利冲刺。正是由于儿童这种为达目的不罢休的劲头，反而促使成人在儿童的身边布满防范措施。实际上，这些措施对儿童来讲都是他们的障碍。即使儿童的腿已经强有力了，他们仍把儿童关在“学步栏”里或儿童练走路的走步车里。

2 当成人带儿童外出时，即使他能够走路了，成人仍把他放在手推车里推着走。但儿童因为腿短，没有耐力走远路，就不得不向那些不肯放慢脚步的成人妥协。即使把小孩带出去的是他的保姆，也是儿童去适应保姆，而不是保姆适应儿童。保姆会以自己的速度径直走向户外活动的目的地，小孩被放在手推车里面，仿佛这个保姆推的是装满蔬菜的小推车。只有到了公园以后，她才让小孩从手推车里出来，让孩子在草地上走动。她则坐在一边两眼始终注视着他，这个保姆所做的一切仅仅是为了避免发生意外。

3 贫穷家庭的孩子，能在街上跑来跑去毫不费力地躲开车辆，甚至能坐在汽车或卡车的窗柜上。尽管这是危险的，但他们却不会像富家子弟那样由于羞怯变得迟钝，甚至最后变得懒散起来。这两种儿童在他们的成长中都没有得到真正的帮助。贫穷的孩子被抛弃在大街上这种危险的成人环境中，而富家子弟在同样的环境中，却受到太多的限制和障碍，成人还美其名曰是为了保护孩子。

儿童在他长大成人进而使人类得以延续的过程中，应验了弥赛亚的一句话：“无所适从。”

解读经典：

你以为让孩子用学步车就是对他的帮助吗？

你以为把他放在车子里，就是对他的保护吗？

——难道你要一直让他在学步车里练习，而不让他的双脚切实体验一下尝试着走路的紧张与快乐吗？

——难道你也要像那个无知的保姆一样让本该得到锻炼的孩子失去锻炼耐力的机会，而走“终南捷径”吗？

请记住这个观点：“用进废退。”如果不锻炼孩子，他的能力会退化的。你说他早晚有一天会走路的。是的，但是既然能早一天让他走路，让他体验丰富多彩的世界，为何非要人为地、好心地制造干预，让孩子晚一天走路，失去尽快能顺畅地走路，观赏一路风景的宝贵机会呢？

干预孩子走路会导致他的反常行为。蒙台梭利曾举了一个母亲的例子。这位母亲出于安全的考虑，不让小女孩攀爬楼梯，只让孩子在旷野里走路，结果孩子一看到台阶就尖叫，而一旦有人抱着她上下楼梯，她就会眼泪汪汪的，变得焦躁不安。

我们应该给儿童活动的自由，不要出于安全考虑去束缚他。成人所能做的就是从旁协助，做好必要的保护，而不是一刀切式的彻底阻止他练习身体感触能力、应变能力和探索世界的心理。

蒙氏经典活动

我自己会上下楼梯

适宜年龄：1岁以上

活动道具准备：无。

活动开始啦：

1 妈妈觉得孩子太小，应该抱着上楼，于是抱起了正把一只脚往楼梯台阶上踩的宝宝。宝宝很不情愿地被妈妈抱上楼。妈妈放下宝宝后，发现宝宝的情绪似乎不太高，但也没太在意。

2 爸爸带孩子时，快上楼梯了，爸爸鼓励孩子说："宝宝，来，像爸爸一样上楼。"于是在侧面保护着宝宝，自己向上迈开了步子。宝宝也学着爸爸的样子，向上迈了一步。爸爸看宝宝虽然迈得笨拙，却很认真，而且做成功了！于是笑着，一脸骄傲地说："儿子，你真棒！"父子俩相对笑了起来。就这样，爸爸的动作尽量比宝宝慢半个拍子地跟随在宝宝后面，父子两个就这样上了楼。

3 妈妈打开门，爸爸对妈妈说："咱们的宝贝能自己上楼喽！伟大吧！"妈妈愣在那里，片刻过后才反应过来。

活动提示：

爸爸对宝宝上楼采取鼓励的方式，妈妈却采取保护的方式。两相比较，自然是爸爸的方法更符合宝宝的成长特点。宝宝既然有上楼梯的愿望了，就要帮他实现这个愿望，而不是像妈妈那样保护过当，让宝宝失去锻炼自己的机会不说，还影响宝宝的心情。

儿童走路的目的与成人不同

蒙台梭利说：

1岁半到2岁的儿童能走好几里的路，还能爬斜坡和梯子等有难度的物体。但是他们走路的目的与我们成人的目的截然不同。成人走路是为了某种外在的目的，所以他会径直走向目的地。他有稳健的步伐，他会以机械的步伐向前行走。与此相反，儿童行走是为了完善自己的能力，他的目的是实现他自身某种创造性的东西。他走得很慢，还没有一种有节奏的步伐，他也不是去某个最终的目的地。他朝前走，仅仅是因为突然有个什么东西吸引了他。如果一个成年人想帮助儿童，那他必须放弃自己的步速和他最终的目的地。

解读经典：

蒙台梭利告诉我们宝宝行走的目的："儿童行走是为了完善自己的能力，他的目的是实现他自身某种创造性的东西。"既然宝宝的行走有这样伟大的目的，我们作为家长，就应该全力理解和支持宝宝的行走。

蒙氏经典活动

跟我去“拉练”吧

适宜年龄：1岁以上

活动道具准备：无。

活动开始啦：

1 一家人在公园里玩耍，宝宝不知道出于什么原因，自己竟然沿着石子路一直向前走。爸爸妈妈一开始没在意，只是用眼睛瞄着宝宝走远的小身影。

没想到，这个小家伙竟然越走越远。

2 妈妈喊：“宝宝，回来！”爸爸却制止了妈妈。而是自己悄悄地跟在宝宝后面，一直走。结果宝宝竟然一气走出了有一里路！

3 宝宝停下来，看着路边的一棵树，指着树说着“多多”。咦？难道是这棵树或者树上的什么东西吸引了宝宝走来看吗？

4 爸爸不解，走到宝宝面前问宝宝看什么呢？宝宝指着树说着“多多”。爸爸看了半天也没看到“多多”是什么。于是爸爸走到树旁边，摸了摸树皮，问宝宝：“这是多多吗？”宝宝点了点头。原来宝宝把黑黑的树皮当成了“多多”。爸爸用手挠了挠树皮，说：“树皮。”然后又用手从上到下沿着树生长的方向比量了一下，指了指树说：“这是树。”

活动提示：

宝宝走远了，爸爸做着跟踪，暗中保护宝宝。当宝宝走出很远停下来，对“多多”表示兴趣时，爸爸适时出现，教宝宝认识了“多多”。如果没有这次远足，爸爸也许根本不知道宝宝说的“多多”是什么呢。

追着小蝴蝶

适宜年龄：2岁以上

活动道具准备：无。

活动开始啦：

1 一家三口在公园里游玩。宝宝看到一只白色的小蝴蝶落在了一朵花上。这只小蝴蝶引起了宝宝的兴趣。他开心地踮着小脚，双手兴奋地拍打着大腿，随着小蝴蝶飞走的方向走了过去。

2 妈妈突然喊道："宝宝，回来，你追不上它！"并从坐的姿势立刻变成了站立的姿势，想冲过去把宝宝拽回来。

3 爸爸拽住了妈妈，说："不要打扰宝宝。我们悄悄地跟着他就行了。"于是爸爸妈妈像密探一样，悄悄地跟在宝宝身后；随着宝宝在花丛中穿梭。宝宝中途有几次差点摔倒，但是他还是平稳地站住了脚，然后继续找小蝴蝶，找到小蝴蝶之后，继续追了下去。

4 最后，宝宝自然是没能追上小蝴蝶，但他却很开心，看着蝴蝶飞走的方向，愣了半天神儿。也许他在想："为什么我追不上它呢？"

活动提示：

- 这个活动中，面对突发的"意外事件"，妈妈大惊，想要冲过去，把宝宝拉回来，她可能是出于爱子心切，不想让孩子费力去做根本不能实现的事情。但爸爸却很明智，给了宝宝锻炼自己走和跑的机会，同时也给了宝宝锻炼视觉能力的机会，让宝宝能定位住忽高忽低的且本身还忽闪着翅膀的小蝴蝶。
- 这个故事也给我们启发：我们不妨拿个风筝或气球等在宝宝面前跑，让宝宝追逐它。锻炼宝宝的走路能力，和对路况的判断能力，当然还有视觉与奔跑的协调能力。

为孩子当好“脚”的教练

蒙台梭利说：

儿童掌握行走的能力，靠的不是等待这种能力降临，而是通过学习走路获得的。父母欣喜地看到了孩子迈出的第一步，儿童的第一步意味着对自己的征服，通常标志着儿童由1岁长到2岁。学会走路，对儿童来说是第二次出生，这时，他从一个不能自助的人变成了一个积极主动的人。成功地迈出第一步，是儿童正常发展的主要标志之一。但在第一步迈出之后，他仍然需要经常练习。能掌握好平衡并迈出稳健的步伐是个人持续努力的结果。

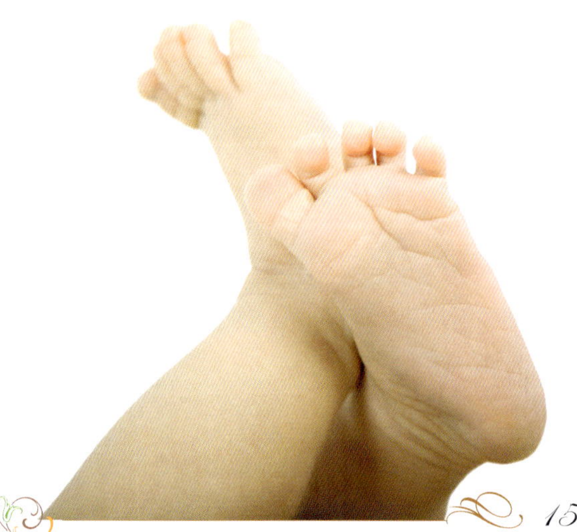

解读经典：

“学会走路，对儿童来说是第二次出生”——在蒙台梭利看来，走路对儿童的成长来说具有多么重要的意义啊！是啊，通过开始迈第一步，意味着孩子的活动范围不再局限于一个狭小的天地了。他向外迈出一步，就意味着他向外面的世界伸出一步触角。随着他的走路能力的拓展，他会走得越来越有目标、越来越有方向感、越来越稳定、越来越快乐……因为走路，是伴随着他的成长开始并伴随着他的人生每一个里程而存在的。

“蹒跚学步”常被用来形容孩子刚开始走路的样子，这里面有一个“学”字，这说明走路不只是孩子长到一定阶段必然出现的能力，这种能力还需要“学”：学着确定走的方向、走的步速，学着如何克服走的过程中的困难和障碍，学着如何走得更平衡、更稳妥、更协调，甚至学着走得更美观……这都需要聪明的父母在一旁为他做好陪练才是。

蒙氏经典活动

踢球练习

适宜年龄：1~3个月，或会走路的宝宝

活动道具准备：充气的塑料彩球1个（其他类似的充气玩具亦可）。

活动开始啦：

1 用结实的线把彩球挂在宝宝床上方，让宝宝抬起脚刚刚能够碰到，轻轻抓住宝宝的一只小脚丫，抬起来，踢一下彩球，对宝宝说："小淘气，踢球球，球球撞到脚丫上。"左右脚轮流踢，也可以抓住宝宝的两只脚同时踢。

2 如果宝宝已经学会走路，可以让宝宝一手拽着线，用脚去踢球。

活动提示：

促进宝宝的运动能力和左右脑的发育。第二种方法还可以促进宝宝手、眼和脚的协调运作能力。

宝贝，快些跑

适宜年龄：2岁左右

活动道具准备：石子1块或木棍1根。

活动开始啦：

1 用我们的道具在路上画一条起跑线，然后在四五十米的地方画一条终止线，并让妈妈站在那里等着迎接宝宝。

2 爸爸和宝宝站在起跑线边，指着妈妈的方向对宝宝说："我们看谁先到妈妈那里！1、2、3，跑！"

3 爸爸带着宝宝向前缓缓跑去。直到让宝宝最先跑到妈妈的怀里，一家人开心地相拥欢呼在一起。

活动提示：

- 通过这个"比赛"，可以锻炼宝宝向着既定目标去努力的能力。
- 在活动中，爸爸需要注意的是，不要迈大步，也不要速度太快，要慢慢地踮着脚，让宝宝超过自己，最后在自己对宝宝的关注下，跑完全程。宝宝2岁时，跑起来还不是很顺畅，因此一着急跑得过快，容易跌倒，爸爸一定要走在后面，看着宝宝，以防跌倒。

手是智慧的工具

蒙台梭利说：

1 人类的特征之一，就是能自由地运用手。人类的上肢成了智慧的工具，而不是运动的手段。正是这种功能，不仅显示了人居于万物灵长的地位，而且表现了人类天性的和谐统一。

2 如果我们想确定一个儿童的智力发展程度，就应该去考察他最开始的“智力表现”，也就是说我们应该研究他的语言和劳动中对手的运用，这样做应该是合乎逻辑的。

解读经典：

手对人类的进化和发展有着决定性的意义，因为它与人类智慧的发展密切相关。因此，我们在对手的认识上，也要认识到它不仅是我们从事活动的工具，而且是我们“有智慧地”从事活动的工具。有个成语叫“心灵手巧。”“心灵”可以使手在“心”的指导下灵巧地活动，创造出丰富多彩的杰作，而手巧也会反过来促进“心”的灵慧。

在对孩子进行手的训练时，我们要注意和手的发展阶段结合起来。

从1岁半开始，宝宝就进入了手的敏感期，宝宝可以用手练习抓、握、拉、拽、举、砸、粘等各方面的能力，而且还可以去体验、理解物体的各种性质。

蒙氏经典活动

撕也是一种创意

适宜年龄：7个月以上

活动道具准备：一张较软的纸。

活动开始啦：

1 孩子在七八个月就有爱撕东西的动作了。这时家长可以让宝宝学着撕一些图案，比如花朵、月亮、小娃娃头等。

2 在撕每一个事物的时候，可以第一次撕成一个大的，然后再撕成一个小的，再撕成一个更小的。这样可以教会宝宝观察怎样调整撕的幅度。

活动提示：

撕纸可以训练宝宝的精细动作，使他的小手肌肉变得更灵活，还可以促进宝宝的创造力和想象力的发展。孩子知道纸也可以撕出来可爱的图像后，会学着自己撕一些东西。家长不要因为宝宝把纸撕得乱乱的而制止他，他这是在“创造”呢。也不要强迫宝宝按着大人自己的意愿去撕，这样反而会抹杀了他的创造力。

手是探索的工具

蒙台梭利说：

就像列文用电影展示给我们的那样，一个婴儿如果想得到一样物品，他就会探出整个身体去拿它。只是随着动作的逐步发展和协调，他才能分解各种运动，为得到所需要的物体，他只要伸出手就可以了。

解读经典：

不知道大人是否注意到这样的情境：宝宝向前探着身子，努力地向前爬着，爬到面前的那个物体的时候，伸出手去够着它。在想要得到他所需要的目的物之前，他付出了全身的努力。

“触手可得”，是说我们不用付出多少辛苦就能达到目标，而在手轻易获取的同时，背后支持它的力量却付出了艰辛的努力。那些为此付出的力量就是“动作的逐步发展和协调”之后，孩子所具备的“分解各种运动”的能力。因此，与其说是手得到了那个目标物，不如说是在这些运动能力支持下，手获得了成功。

因此，我们在训练孩子的“触手可得”的能力同时，不要忽略了运动协调能力的发展，让触觉和其他感觉得到配合，也让宝宝知道去完成一项任务需要分解各种运动去实现。

蒙氏经典活动

摇风铃

适宜年龄：0~1个月

活动道具准备：风铃、摇铃。

活动开始啦：

1 室内悬挂各式风铃，妈妈抱起宝宝触碰风铃，使其发出清脆悦耳的声音。一边触碰一边对宝宝说："声音真好听！"

2 妈妈带着愉快的情绪拍手发出节奏，宝宝每碰一次摇铃，妈妈就拍一次手来强化节奏；当宝宝够取到摇铃后，妈妈可以做示范，然后让宝宝模仿动作，并跟着音乐晃动手中的摇铃。

活动提示：

- 培养宝宝双手的协调能力和节奏感。
- 妈妈可在家中经常给宝宝听些活泼欢快的音乐并和着音乐打拍子，给宝宝拨浪鼓、铃鼓等带响声的玩具，久而久之，宝宝一听到音乐就会转动手腕。

敲敲打打

适宜年龄：7~8个月

活动道具准备：1块积木（1根小木棍，1支笔之类）。

活动开始啦：

1 宝宝拿起敲打工具，向着桌面敲打，听声音。

2 拿2块积木给宝宝，让宝宝一手拿一个进行敲打。

3 也可以随手拿起2个东西，让宝宝进行敲打练习。

活动提示：

- 七八个月的宝宝，会玩2个玩具，他会敲打，听声音。有时候，他可能只是拿着东西晃来晃去，也许什么也没打着，但他也许是在探索：自己怎样才能打到什么呢？
- 这时候家长不要打搅他，随他探索吧。
- 此外，家长还可以在发现宝宝有敲打的意图时，拿起一些东西给宝宝做敲打示范。

不要阻止儿童向外界伸出小手

蒙台梭利说：

1 我们应该热切地期待着儿童向外界物体伸出小手。

这些小手第一次机灵的活动，意味着儿童想把自我融入世界中去。对于这样的活动，成人应该在心中充满赞美才对。但是恰恰相反，成人害怕那些小手伸出去拿一些其实并没有什么价值也无足轻重的东西。他们千方百计把这些东西藏起来，不让儿童拿到。他们总是说“不要碰”，正如他们不断地重复“别动，安静！”一样。

2 因为儿童需要运动，需要运用双手才能促进自身的发展，所以他需要能让他运动的东西，并给他提供活动的机会。

解读经典：

“别碰，脏！”“别动，安静！”这些话是否没经过你的大脑就说给了孩子？你可知道你的制止扼杀了孩子向外界探索的能力？蒙台梭利对儿童抓取到一个什么东西有这样一个有趣的比喻：“他就会像饥饿的小狗发现了骨头一样，躲到角落里去啃，从这些他很难得到的东西上吸收营养，并且非常害怕有人会把它夺走。”

蒙氏经典活动

让我画画看

适宜年龄：1岁左右

活动道具准备：画笔（或蜡笔）、纸。

活动开始啦：

1 宝宝拿着画笔，在纸上随便画什么。

2 他还不会有目的地去画个形状，他会戳戳点点地在上面画出一些点子、线条之类，一点儿也没有规则可言。

3 宝宝随着力度的增加和减弱，发现线条的粗和细。

活动提示：

- 拿笔可以锻炼手的灵活性。一开始宝宝可能不会用拇指、食指和其他手指的配合来拿笔，而只会握着笔，笨拙地拿着笔在纸上点啊、戳啊的，一旦纸上出现了“成果”，这对他来说是一种非常好的鼓励，他会更有兴趣去画。
- 家长可以示范给宝宝看，怎样拿笔。怎样用力画粗线条，怎样轻轻画出细线条。这样可以锻炼手的力量。
- 让孩子在纸上任意点点涂涂，虽然这时候他还不能画出什么东西来，但他会对学习用笔和点出的色彩感兴趣的。

Part 6

书写敏感期

（3.5~4.5岁）

Shuxie Minganqi

3~6岁是一个对字汇无止境渴求的阶段。孩子十分渴望学单字，孩子认识多少，就可以写多少。

——蒙台梭利

书写敏感期积累字汇很重要

蒙台梭利说：

1 经过一段时间的酝酿，孩子就要进入书写阶段了。由于孩子已了解到“字”是由许多声音组成的，借助拼音盒的练习活动，孩子便能分析并组合出单字了。加上他也熟悉了各个字母的形状，因为他已一遍又一遍地接触过它们了，所以他骤然间便能开始书写，如同2岁时进入“说话爆发期”的表现一样得到塑造和发展。

2 3~6岁是一个对字汇无止境渴求的阶段。孩子十分渴望学单字，孩子认识多少，就可以写多少。无论多长或多复杂的字汇，无论动物学、地理学以及其他等，他都表现出极大兴趣。困难点反而是在老师身上，他们对那些名词十分陌生，很难记住它们的意义。

解读经典：

书写汉字与拼写字母有所不同。但我们也不妨采取一些办法帮助孩子酝酿书写的能量。此外我们还可以教孩子学认拼音、数字。而这些都需要“一遍又一遍地接触过它们”的酝酿。

这里蒙台梭利指出认字对书写的重要性，它就像坚实的地基一样，只有打好了地基，才能建立起高大牢固的建筑物。因此，家长要注意在平时多让孩子认字。

蒙氏经典活动

给宝宝戳戳点点的机会

适宜年龄：1岁以上

活动道具准备：1支笔、1张（本）画纸。

活动开始啦：

1 把笔和画纸放在宝宝面前。宝宝会捡起来，任意在上面戳戳点点地“写”。也许这些内容没有什么意义，但这个活动却让宝宝很受鼓舞，他会表情专注地从事这个活动。

2 让宝宝看着他的杰作，在小脑袋里自由地想象吧。不要打扰他欣赏创造的奇迹。

活动提示：

拿个笔在纸上戳戳点点也是宝宝“表达”的一种方式。尊重宝宝这种胡乱的涂抹，给他创造用笔和纸去写的机会吧。

狂写不止

蒙台梭利说：

1 一旦整个心理结构成形，时机就成熟了，全语言时期就来到了，就不必像传统学校一样要一个字一个字地教孩子们了。一旦孩子开始写出一两个字，他很快就会写其他字，不久就会写所有他会说的字了。他从此将不断地写，而这也不是为了完成冷酷的义务，而是出于一种内在灼热的渴望。他利用任何到手的工具来书写，包括用粉笔写在墙上或走道上，只要有空间，不管合适不合适，他都会去写，因此，我们可能发现家里到处有字，有时在面包上也有。

2 我的早期实验最先引起社会公众注意的就是孩子“书写爆发”现象，它不仅只是一个孩子书写的爆发，还是他内在潜能的爆发……我们要强调的是，这个爆发不是任何教育方法所引起的，因为“方法”那时还不存在……它是由孩子内在爆发所产生的“结果”。报纸的头条把它标为“人类心灵的发现”。

解读经典：

书写敏感期到来的孩子，好像着了魔一样，抓到机会就写，找到地方就写。墙上、衣服上、纸上、小盒子上、桌子上，都有可能成为他们书写的空间。

让孩子自在地去写吧，哪怕写得不是地方。如果方便的话，可以准备一块小黑板，让他们在那上面自在地写。如果他不喜欢小黑板，也不要压迫他的写字狂热。

对于喜欢书写的孩子，不要压制他的书写需要，而是要鼓励他，多给他创造书写的机会，让孩子的内在潜能得到释放。

蒙氏经典活动

让孩子自己去涂鸦

适宜年龄：3岁左右

活动道具准备：笔、纸。

活动开始啦：

宝宝在纸上画着东西。原来他在盯着桌子上的一个墨水瓶子在画画。瓶子上面还有“英雄”两个字。

爸爸看宝宝画的平面图不对，就对宝宝说：“应该这样画。”爸爸上手就要拿宝宝的笔，教宝宝怎样画立体的墨水瓶。

妈妈却制止了爸爸，让孩子自己画：“你不要打扰他。”

宝宝的杰作终于出来了：上面画了一个大方框，大方框里斜着画了几条线。在线上又歪歪扭扭地写着“英雄”两个字。妈妈夸奖道：“宝宝画得真好！‘英雄’这两个字写得也真好！”

“它们是‘英雄’啊。”宝宝指着这两个字说道。

“是啊。”

“那我也要在衣服上写上这两个字。”宝宝拿起胸前的衣服，说道。妈妈说：“好啊。”宝宝还真的脱下衣服在上面写上了这两个字。

活动提示：

爸爸事后问妈妈，为什么不让他纠正孩子，以便从小养成绘画的正确技巧。妈妈说，孩子还不具备按绘画技巧画画的能力，这种能力要到6岁以后才会具备。现在应该让孩子自由地画，而不要用条条框框约束他。你教他的方法是正确的，但不合时宜，如果一旦教了，反而对孩子来说是一种束缚。我们应该尊重宝宝，跟在他的后面走，让他带着我们去体验，而不是我们硬性地去教他。

书写环境与姿势

蒙台梭利说：

1 在学校学习和写字的时候，由于长时间伏在桌上，导致脊椎变形，影响身体发育。

2 起初我们为孩子设计一种特别线条的纸，它有双倍的空间，然后渐渐缩小。不久我们发现他们在任何格式的线条上都可以写得很流利。甚至有的孩子喜欢把字写得像印刷的铅字一样小。令人惊奇的是，他们写得很漂亮，甚至比小学三年级的学生写得还好。他们手写出来的字形都很接近，因为他们所触摸的是同样的字母，因而同样的字形已形成于他们肌肉的记忆中。

经典解读：

书写也需要一定的环境，孩子处于书写状态中，不要打扰他。让他投入其中。如果孩子书写过程中有什么需要纠正的地方，也不要强行纠正，要引导着来。

家长要注意观察孩子的书写敏感期是否到来。一旦到来，就要全力地配合孩子的书写。可以想一些办法，帮助他们认字、书写。为了使他们的书写规范，可以渐渐由无序到有序地进行。可以像蒙台梭利一样，先让孩子在较大空间进行，然后逐渐缩小，直到规范化。使他们书写得流利而漂亮。

而且家长也要注意孩子的姿势是否正确，虽然现在孩子体质要比蒙台梭利年代的孩子体质强得多，但也要注意长期处于不正确的姿势下，会引起肌肉、骨骼产生疾病。

蒙氏经典活动

乱扔纸怎么办

适宜年龄：3~5岁

活动道具准备：纸、小黑板。

活动开始啦：

1 3岁的宝宝小D书写敏感期到了！见到什么地方就在什么地方写。给他纸，他能把纸写得满天飞，用不了多长时间，身边就围起了一张张的纸。而且他还爱在墙上写，这让妈妈很头疼。于是妈妈请教了有经验的人士，买了一块小黑板给宝宝，告诉宝宝：宝宝下次在这上面写吧。如果写得好，有奖励。

2 小D竟然很听话地在这上面写了。而且也没在乎奖励不奖励的事情，因为他事后根本没跟妈妈要奖励。看来他太关注于书写了，以至于连奖励都忽略了。

活动提示：

- 孩子容易把书写用的东西乱放，还会到处乱画。这时候，家长如果不舍得心爱的墙，可以换成小黑板给宝宝写。这个宝宝比较听话，听从了妈妈的指示。也有的宝宝可能不听话，或半听话，一面在墙上写，一面还把小黑板用了起来！
- 找机会让宝宝学习收拾自己的东西吧，让他对自己的事情负责，但要注意态度，也要注意引导，不要强迫执行。

为孩子的书写创造条件

蒙台梭利说：

当孩子想到一个生字，里面有些字母的读音超出了他所学的，很自然的他就要提出来问。他有一种想要知道更多知识的内在渴望，然后会着手拼出他已会说的字。不管多难或多长的字，他都可以进行听写。

经典解读：

当孩子看到生字时，他会发问，我们这时候要教他认识这个生字。即使很难的字，也要教他认识，满足他的内心渴望。这是获得知识的渴望。不要因为难，就认为孩子没能力去认识、去书写，这样会打击他的积极性，也不利于锻炼他克服困难的毅力。

每一个字都不是小事，这里包含着家长的方式方法是否正确，一个小细节，可能会影响孩子将来的发展和人格的建构。

蒙氏经典活动

给妈妈列个购物清单

适宜年龄：4岁左右

活动道具准备：笔、纸。

活动开始啦：

妈妈要去超市买东西，就对宝宝说：“宝宝，把你的笔借给妈妈用一下，妈妈要写个清单。”

“妈妈，什么是清单呀？”

“哦，就是妈妈要把买的东西记在纸上，然后按着纸上写的去买，防止落下东西。”

“那我给你写吧。”

“好啊。”妈妈很开心。

于是妈妈开始念着：“洗发水、矿泉水、面包、酸奶……”

“妈妈，‘酸’怎么写？”

“来，妈妈写给你看，这个字比较麻烦，宝宝多练习几次就会了。”

虽然这次写字，让妈妈晚了一个小时到达超市，但妈妈还是很开心，因为宝宝爱写字了！

没想到，这次练习之后，宝宝竟然喜欢上列购物清单这件事了。有一次妈妈让爸爸出去买包花椒，宝宝竟然不让爸爸走，非要等他写完购物清单之后再走。爸爸只得等宝宝写上“花椒”（“椒”字还是爸爸现教的），拿着宝宝写的纸条出门。

活动提示：

这位妈妈很聪明，在发现孩子想写字的时候，没有因为怕孩子写得慢误事，而拒绝孩子写，而是让孩子去写，让孩子在书写敏感期找机会锻炼书写能力。而且这种锻炼还有助于孩子养成购物之前列清单的“防忘事”的好习惯。

听、读和写相联系

蒙台梭利说：

1 一般的观念是，孩子应先会读再会写，而我们的孩子则是先在脑子里分析“字”里蕴含的声音，然后用活动的拼音字母把该“字”排出来，因为在孩子的心目中，每个字母都连带一个声音。这种将字母与语言联结起来的能力出现于孩子的敏感期。随着语言不停地倍增，他们现在又能用“手”的书写来表达，而不仅仅是用“口”的说话来表达了。

2 当进行听写的时候，那些不但知道如何去组合词，而且立刻在头脑当中呈现出整个词构成的孩子，就能够进行书写，因为他知道如何在闭着眼睛的情况下，进行写出字母的动作，也因为他几乎是无意识地进行运笔。

经典解读：

听、读、写是密不可分的。听说可以促进发声，发声和听说也可以助益书写。蒙台梭利教孩子认的是字母，这种先读后写的方式值得我们借鉴，我们可以相应地借鉴到让孩子学拼音、学外语上来。

另外，单个的汉字的一笔一画虽然不像外语单词那样可以通过声音排列下来，但是，我们也可以借鉴这个办法，教孩子认识相同偏旁部首的字，或者是组词，或者是造句，等等。

听写和默写也是一个不错的让孩子巩固学习生字、句子的办法。但如何有趣味地进行让孩子乐于听写和默写，是家长要注意探索的。否则可能引起孩子的“被强迫”的感觉，这不利于孩子的成长。

蒙氏经典活动

成语接龙练习

适宜年龄：4岁左右

活动道具准备：成语接龙练习。

活动开始啦：

1 可以一家三口做个成语接龙活动，妈妈当裁判，爸爸和宝宝比赛。妈妈先说一个成语，然后让宝宝接，宝宝接完让爸爸接，一直接下去，接不下去的那个人就输了。输的人要去拿成语字典看如何接下去。

2 如果宝宝喜欢，可以由爸爸或妈妈在纸上列几个成语，然后让宝宝自己去接龙，写下接龙的成语。也可以买一些填字练习的书给宝宝练习用。

活动提示：

买本成语接龙练习的书给孩子读，让孩子学成语接龙。输了的“惩罚”以查字典的方式进行，可以让孩子学会在遇到不认识的字、不知道怎样组词的时候，如何利用工具书去查找自己所需要的信息。

听写

适宜年龄：5岁左右

活动道具准备：无。

活动开始啦：

1 可以跟宝宝说：“如果妈妈念字，你把这个字写下来，好不好？”征得宝宝同意后，就可以进行听写练习了。

2 如果宝宝写起来非常顺利，就可以适当加一些他不经常见的字来写。

活动提示：

通过听写，检验宝宝认字的准确性。如果遇到不会写的，让宝宝先写上拼音，或者妈妈记录下来，给宝宝看，还有哪些字没写出来。它们是宝宝需要认识的“新朋友”，希望宝宝能把它们写下来。

一边听，一边写

适宜年龄：5岁左右

活动道具准备：儿歌或诗歌播放器，或者爸爸妈妈朗读。

活动开始啦：

宝宝熟悉儿歌后，可以告诉宝宝愿不愿意跟着声音来写字？如果愿意的话，就播放一段儿歌或诗歌给宝宝听，让宝宝一边听，一边写字。听到哪个会写的字，就写下来。不要着急。

活动提示：

爸爸妈妈也可以跟着一起写，给宝宝起到陪伴的作用。通过这种“听写”方式，一方面锻炼宝宝的听力和瞬间记忆力，另一方面锻炼宝宝记忆和书写协调进行的能力。

阅读敏感期

（4.5~5.5岁）

Yuedu Minganqi

对4岁的孩子，老师只要念一遍就够了，而对7岁或更大的孩子，老师反而要多重复几次才能让他掌握正确的读音。这明显是由于特殊敏感期在起作用，即心智如同柔软的蜡一样，它在某一阶段对某些刺激具有相当的敏感性，等过了这一时期，这种敏感性就消失了。

——蒙台梭利

从小培养阅读习惯

蒙台梭利说：

长时间没能在光线充足的地方阅读导致了近视，还有长时间地被限制在狭窄、拥挤的地方，使他们的身体普遍衰弱。

经典解读：

相对而言，蒙台梭利对于阅读方面的论述并不是很丰富，但是她关于此方面的留意，为后来的研究者提供了很有意义的借鉴。100多年来，人类的生产力日益提高，早非蒙台梭利时代所能比，人类的生活水平也获得极大的提高，幼儿早期阅读越来越受到重视，这方面的研究成果也远远比蒙台梭利的时代丰富得不止千倍。因此，对于蒙台梭利未能形成研究规模的阅读方面的研究成果也比比皆是，这些成果可以给爸爸妈妈们提供非常有效的参考。

有一句话，叫作“活到老，学到老”，阅读是学的一种方式，阅读也是伴随人的一生的活动。因此，父母要从小为孩子创造有益的阅读环境，培养孩子从小就具有良好的阅读习惯，接受有益的信息，为提高孩子获取知识的能力、鉴赏能力、情趣能力打下基础。

那么，如何设置一个良好的阅读环境呢？

1 父母要形成阅读的习惯，营造全家阅读的氛围。如果父母不以身作则，孩子怎么会形成良好的阅读习惯呢？

2 要注意物理环境和阅读姿势。一方面要光线适度，保持安静。另一方面，阅读时要保持正确的姿势，眼睛距离书本保持适当距离，不要太近。虽然孩子看的书字号都比较大，但如果经常离得太近看书，也会影响视力的发展。阅读时，在孩子可以端正地坐着时，尽量保持正确的坐姿，更不要趴在床上或地板上看书。

3 要因孩子的年龄特点和阅读能力，选择适当的读物和恰当的阅读方式。比如宝宝一两岁，可以读婴儿画报，和配单幅图的儿歌。这时家长可以采取朗读的方式，家长一边指着图画，一边给孩子读儿歌，提高孩子的阅读兴趣。宝宝可以自己翻书时，可以把撕不坏的书让宝宝翻阅，虽然他还不认识几个字，但这种翻书的动作也有助于宝宝智

力的开发。待宝宝2岁左右时，还可以让孩子通过图画，边读、边看、边听、边说、边想象。3~4岁的宝宝阅读能力明显增强了，他们语言能力增强，主动要求父母给他们讲故事，想象力进一步发展，喜欢天马行空地想象；他们还喜欢与人交往。这时期可以选择一些只有图画的无字书供他们阅读。此外，可以注意给孩子选择一些关于生命、人际方面的故事书阅读。4~5岁时，宝宝探索欲望增强，具有自我认同意识，情绪管理能力提高，他们能够一边看图，一边用手指说明文字，认字能力增强。因此在选择图书时，可以字数多一些，内容方面可以选择一些科普书、自我认同感、情绪管理方面的书。5~6岁的孩子，阅读量变得更大了，基本上能读懂故事，如果问他们“为什么”“怎么样”他们会回答出来。他们抽象思维能力、推理能力增强，这时家长可以选择一些提高这方面能力的书来给孩子阅读。随着孩子阅读范围逐渐变得广泛，家长为宝宝选择的图书内容也随之丰富起来，宝宝的阅读时间也会持续得更长。

4 注重与孩子的互动。家长在读的时候，一个表情，一个动作，一个提问，都能引起孩子对阅读内容的关注，引发孩子的思考。

蒙氏经典活动

早早读，培养兴趣

适宜年龄：4岁以上

活动道具准备：简单的儿歌。

活动开始啦：

爸爸或妈妈可以抱着宝宝，一边摇，一边念儿歌给他们听，比如："小老鼠，上灯台。偷油吃，下不来。喵喵喵，猫来了，叽里咕噜滚下来。"

活动提示：

- 听是孩子阅读的基础。因此有的专家认为为孩子朗读宜早不宜晚。新生儿时期就可以对孩子进行朗读了。
- 儿歌的使用可以让宝宝感受起伏明快的语言节奏，更加有效地培养宝宝的语言节奏感，开发他们的语言智能。
- 爸爸妈妈在念儿歌时，可以一边念儿歌，一边做动作。最好是爸爸妈妈能交替着朗读，让宝宝有机会多听听不同的声音朗读出来的作品，提高宝宝听声音时的分辨力。
- 如果没时间，可以放儿歌给宝宝听。

机不可失

蒙台梭利说：

对4岁的孩子，老师只要念一遍就够了，而对7岁或更大的孩子，老师反而要多重复几次才能让他掌握正确的读音。这明显是由于特殊敏感期在起作用，即心智如同柔软的蜡一样，它在某一阶段对某些刺激具有相当的敏感性，等过了这一时期，这种敏感性就消失了。

解读经典：

运动与心理的关系是相互促进、相辅相成的关系。运动需要心理给予命令才得以进行，而反过来，运动的发展也促进心理的发展。

因此在阅读过程中，父母要注意抓住孩子的阅读敏感期，尽量将丰富的信息量传入孩子的大脑中。此外，父母还可以利用阅读，培养孩子的理解力、朗读力、断句能力，还可以根据阅读内容创造一些活动来培养孩子的创造能力、动手实践能力。

蒙氏经典活动

看图片，识事物

适宜年龄：4岁以上

活动道具准备：妈妈用硬纸板、白纸制作一些两面都是白的大幅纸卡，然后在纸卡的一面画上脸谱或其他一些常见物体的轮廓图，如人物头像、水果蔬菜、日常用品、动物等，在另一面写出物体的名称。

活动开始啦：

1 把宝宝半卧位放置在床上，面朝前方。

2 妈妈准备好5张卡片，将有图形一面朝向宝宝，距离20厘米，用一个玩具将宝宝眼睛的注意力吸引到手中的卡片上。

3 妈妈依次将5张卡片由上方抽起（方法是将宝宝已经看过的最前面的一张由上方抽起，放在全组卡片的最后位置），并且在抽动卡片的同时，用清晰的声音读出卡片上图形的名称。

活动提示：

一天进行3次即可。促进宝宝视觉感受能力、视觉分辨能力、视觉记忆能力的发展以及大脑机能的发展。

让孩子主动学习

蒙台梭利说：

来参观的人们看到4岁左右的孩子就能读、能写时，感到十分惊讶。他们常常这样问孩子：“是谁教你们的？”孩子们会不解地看着问话者，并回答道：“教？没人教我们！是我们自己学的。”

经典解读：

给予自由适时的协助。在这一阶段家长要做的是鼓励孩子自由阅读、自由探索，当孩子获得尊重和信赖后，他就会在环境中自由探索、尝试。就算幼儿在阅读时遇到困难，家长可以帮助幼儿解决困难，但千万不要代替孩子读书。

蒙氏经典活动

配音乐，学朗诵

适宜年龄：4岁以上

活动道具准备：下载一些配乐朗诵的儿歌、古诗，或者一些音乐。

活动开始啦：

1 定时播放这些配乐朗诵。

2 如果由家长为孩子朗诵，可以事先配上音乐，给宝宝提供一个优美、柔和和宁静的音乐环境。然后结合意境适当的儿歌朗诵给宝宝听。

活动提示：

- 训练宝宝的乐感，培养宝宝的注意力和愉快情绪。音乐还可以为宝宝带来倾听朗诵的兴趣。等宝宝长到能独立阅读的时候，可以带着宝宝一起练习朗诵。
- 如果练习长久了，宝宝很可能一听音乐，就能朗诵出相应的内容来呢。

帮助孩子理解字里行间的意义

蒙台梭利说：

1 在开始拼字5个月以后，孩子心中又有了另一种渴望，他极其希望了解那些字的意义。他的行为如同科学家研究史前碑文一样，经过仔细观察、比较，想从这些未识的符号中找出其中的意义来。一股新的火焰在孩子胸中燃烧。父母常抱怨无法阻止孩子与他们一起散步时停下来，去拼读店家外面的招牌或广告。当孩子将近6岁时，他就几乎能阅读每一本故事书了。

2 字母表中的各种字母只是组成了它的外部符号或者文字，而大自然则通过实验的机械装置，向我们显示出她无穷无尽的现象，也向我们吐露了她的奥秘。即使剧本印刷得清晰无误，也没有人在仅仅学会了机械地拼写课本中所有单词的情况下，就能够以同样的方式读懂莎士比亚剧本中那些单词的真正含义。

解读经典：

蒙台梭利讲的是意大利的拼音认字的孩子。而我们的孩子是学汉字的，汉字与字母组成的字又有所不同，汉字是形、音、义的结合体。因此，在阅读识字的过程中，还要注意到这一点。

此外，孩子会读了，会识字了，但是故事讲了什么内容？说的是什么时间发生的什么事？主人公是谁，故事告诉了什么道理？这些都是需要家长一一启发孩子的。

蒙氏经典活动

看大卡，认汉字

适宜年龄：4岁以上

活动道具准备：汉字识字卡片。选择那些字与形相配的汉字。如山、石、田、土、风、云、雨、雪，等等。

活动开始啦：

1 大人拿出一张字卡，放在宝宝面前，一边指着汉字，一边读给孩子听。

2 宝宝会指认事物时，一边读，一边让宝宝指出字来。

3 等宝宝会说话时，一边指字，一边让宝宝读出来。

活动提示：

- 通过这样的办法，可以使宝宝在生动的形象中，记住一些简单的、常见的汉字。逐渐积累，可以为将来的阅读打下字汇量的基础。
- 注意不要给宝宝看那些字与图画内容不能完全关联起来的大卡。如“蔬菜”，上面画了一堆菜，这样容易让宝宝思维混乱。

让宝宝读整篇文章

适宜年龄：4岁以上

活动道具准备：准备一篇200字左右的儿童读物。

活动开始啦：

1 每天读给宝宝听，一边读一边指着每个字让宝宝认识，并且把相应内容与图画对应起来。

2 宝宝有不明白的地方，则给宝宝讲解明白。

3 循序渐进，直到宝宝把这篇内容能“读”下来。

活动提示：

- 幼儿的阅读基本上是以图画为主的，年龄越小越是喜欢图画书。宝宝年龄渐长后，可以有选择地让宝宝一边认字，一边看图，将文字内容与图画内容对应起来理解故事内容。
- 值得提示家长的是，看一本书的图画是否适合宝宝，不仅要看图画的色彩、造型、构图等，还要看是否符合情节、是否对文字内容有提示意义，是否有启发性。有时候一幅图画表现出来的情境胜过文章本身的。对于热爱诗歌的读者来说，会更容易理解这句话的意义的。

让孩子读出感觉来

适宜年龄：4岁以上

活动道具准备：儿童阅读读物。

活动开始啦：

宝宝读完一本故事书，妈妈问他："你知道自己读了什么吗？"

"我读了一个故事。"

"故事里讲了什么呀？"

"不知道。"

"那妈妈一会儿查一些资料，告诉你好不好？"

妈妈上网查了查动画片，发现还真有宝宝读的这个故事的小动画。于是带宝宝看了一遍动画。妈妈说："这下你知道在'可怕的夜晚'发生了什么事了吧？"

宝宝点了点头。

活动提示：

- 蒙台梭利说："在孩子能理解并且欣赏书以前，必须建立起一种逻辑语言。对一本书，在知道如何阅读单词和如何阅读感觉之间存在着距离，这种距离就如同知道如何发音和如何说话之间是一样的。"
- 宝宝阅读时，一时间对文字之间的关联并不是很强烈，走不到那种文字营造的故事氛围中，因此，如果仔细听，就会听出他读的时候就像"机器人"在说话一样，说出来的是字，但不带任何感情色彩。因此，需要家长提醒一下宝宝，让宝宝通过切身体验，或看动画片等方式感悟到有关情景。

满足孩子的渴望

蒙台梭利说：

当孩子想到一个生字，里面有些字母的读音超出了他所学的，很自然的他就要提出来问。他有一种想要知道更多知识的内在渴望，然后会着手拼出他已会说的字。

经典解读：

亲子共读。当孩子要求家长讲解时，家长应该兴致勃勃地和他们一起看，并根据图画内容和孩子交谈，使词句和图像联系起来，训练孩子的语言理解能力。最后在成人讲述之后，要求孩子复述一遍，在复述故事时，孩子有可能记不真切，家长可适当提醒，鼓励其用自己的语言把故事讲完，从而进一步提高幼儿阅读的信心和兴趣。

孩子对于阅读的兴趣会随着自己的成长而变得开阔，他们会产生美感，会产生对某一种故事或事物的喜爱。家长要注意孩子这方面的兴趣，积极引导孩子。

蒙氏经典活动

读科普，认识小动物

适宜年龄：4岁以上

活动道具准备：法布尔的《蝉》。

活动开始啦：

4岁的宝宝非常爱听配乐诵读的科普文章《蝉》。每次宝宝吃完晚饭就自己打开妈妈的手机，听《蝉》的录音。每次静静地听着，想象着。

妈妈发现后，赶紧把法布尔的《昆虫记》买来，找到《蝉》这篇文章，并且打开录音，指着书上的文字，让宝宝看。可是宝宝并不感兴趣，还是仔细地听着朗读。后来，妈妈还上网查了一些关于“蝉”的图片资料，给宝宝看。但是宝宝似乎还是把兴趣集中在听朗读上，只随便看了看那些图片。妈妈就此不再打扰宝宝的听“蝉”了。

后来，夏天的时候，爸爸妈妈带宝宝去乡下的奶奶家。表哥捉了一只“知了”给宝宝看，这下子他可有兴趣了。而且还得意地说：“我知道，我知道，它叫蝉，它不叫知了。它要4年才长出来呢。书里是这样说的……”说着说着，竟然把《蝉》的原文中的句子一字不差地背了出来。

妈妈给宝宝解释说，知了也是蝉，就像你大名叫向天笑，小名叫宝宝一样。

爸爸妈妈从此发现，如果能将科普故事和现实生活结合起来，会起到很好的阅读理解效果。此后，他们非常注意带宝宝切身去看一下书里写的真实的动物、植物了。

活动提示：

妈妈一开始为宝宝所做的，没有什么错误，但是“不合时宜”。妈妈以为可以通过看书、看图的方式理解阅读中的内容。可是却没想到实际体验的快乐才是孩子理解的前提。

Part 8

社会规范敏感期

（2.5~6岁）

Shehui Guifan Minganqi

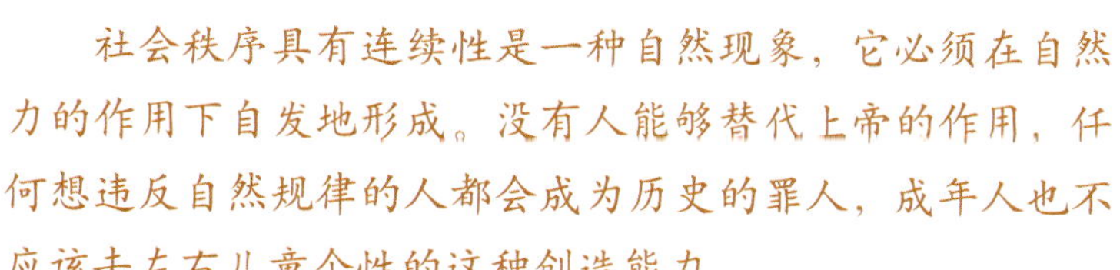

社会秩序具有连续性是一种自然现象，它必须在自然力的作用下自发地形成。没有人能够替代上帝的作用，任何想违反自然规律的人都会成为历史的罪人，成年人也不应该去左右儿童个性的这种创造能力。

——蒙台梭利

社会规范的形成

ξ 蒙台梭利说：

成人要履行自己的任务，即建立一个超自然的环境。他必须用他的智慧和行动上的努力去工作并取得成果，这是被整个社会和集体所公认的原则。

人们在从事工作时，必须遵循有组织的社会规范。这些规律是人们自愿遵循的，以达到共同的目的。

ξ 解读经典：

建立一个超自然的环境：这对成人来说似乎太难了。我们成人世界每时每刻都会发生许多“非正常”的事件。结果导致出现各种社会问题。人类社会普遍存在的问题尚需时日才能解决。然而，常态下，一个社会的“人们自愿遵循的规律”还是有的，比如交通规则之类，这些都是我们应该告诉儿童的。而且如果回归到社会的细胞——我们具体的每个家庭来说，我们家长还是有能力为孩子创造一个“超自然”的环境的。即家长要以身作则地按着规则来办事，而不是破坏规则，或者动辄改变规则，结果导致儿童认知混乱，影响其人格的构建和将来的成长。

蒙氏经典活动

认识交通规则

适宜年龄：2~5岁

活动道具准备：交通规则。

活动开始啦：

妈妈带孩子小E过马路，突然停了下来。小E很奇怪："妈妈，我们怎么不走了啊？"

妈妈说："你看，前边是红灯，红灯告诉我们行人不要过马路。"

"可是那边的人们为什么走路了呀？"

"哦，那边你看，是绿灯呀，是让行人走路的意思。我们这边亮的是红灯，是禁止行走的意思。一会儿亮绿灯了，我们就可以走了。"

妈妈带着小E耐心地等着。一会儿绿灯亮了，小E兴奋地叫道："妈妈，妈妈，绿灯了！绿灯了！"

"是啊。我们过马路喽。"

活动提示：

在现实活动中，与其讲解100遍交通规则、交通安全知识，不如带孩子历练一遍在孩子脑中留下的印象深刻。对于形象、生动、鲜活的事物，孩子的小脑袋总是容易记得牢的。因此，遇到规则问题，我们不妨带着孩子去体验，让他自己看到在规则面前人们的各种变化，让他带着疑问去提问，主动地要求大人把他不理解的规则讲明白。这样主动的观察、思考与获得知识的效果，要比成人一味地灌输效果强得多得多。而且灌输还会引起孩子厌烦，容易适得其反。

让儿童学会适应社会

蒙台梭利说：

1 我们每样东西只为儿童提供一个。如果其他儿童正在使用这个东西，另外一个儿童想使用这个东西就必须等待。这就会养成儿童一种重要的做人的品格。儿童们就会明白，他们必须重复其他人的工作，不是因为某人要求他必须重复，而是因为他们的日常生活经验要求他如此。因为每样东西只有一个，所以他必须等待别人用完之后才能得到它。这样的事情每天、每年都在发生，所以重复别人、等待机会就会成为他的生活习惯，这就会加快儿童的成熟。

这样儿童就会逐渐适应社会。社会不可能完全以某个人所希望的方式运行的，它是一个各种行为和谐开展的整体。

2 儿童的这种具有吸收力的心理可以接纳任何东西，并最终把这些东西通过人的行为体现出来。儿童通过这一具体化的工作来获得与他人平等的地位和适应周围的环境。儿童是具有忍耐力的，他们来到这个世界，不管出生于何种环境，都会在那个环境中逐渐成长，适应生活。长大成人之后，他会在这个环境中生活得非常幸福。

解读经典：

儿童的心灵是具有吸收力的心灵，这一点蒙台梭利在著作中不止一次地强调过。儿童终将成长为成人，进入社会，适应社会规则。

在儿童时期，孩子们一方面要面对成人世界的一些“秩序”，自然而然形成的规则、礼仪规范，这些规则规范也适用于儿童世界，如排队等候、礼貌待人等。

另一方面他们在儿童的“社会”里也将面临如何处理与同伴的交际往来的规则——对于进入交往敏感期的孩子来说，这一点更为重要。这个时期的孩子，会通过与同伴一起活动，形成互动，出现“朋友”等人际关系，他们也会因交际出现的问题面临着孤独、失落等情感上的纠结。这些，需要他们自己去面对，去解决。

父母也可以有选择性地选择一些儿童交际方面的故事来给孩子阅读，引导他们如何处理交际中出现的一些问题。

人类社会中的规则，儿童世界中的规则，都需要孩子来适应，而不是由成人来灌输给他们“你们应该怎样做”。

蒙氏经典活动

“你好”与“谢谢”

适宜年龄：9个月以上

活动道具准备：准备洋娃娃1个。

活动开始啦：

爸爸妈妈合计出一个活动。这一天，妈妈拿出会说话的洋娃娃对爸爸说：“你好，这是送给你的礼物。”

爸爸接过洋娃娃，说：“谢谢。”

在一旁看的宝宝着急了，他把小手伸向洋娃娃：“我，我……”

爸爸把洋娃娃递给宝宝说：“你好，这是送给你的礼物。”

“谢、谢！”宝宝说道。

活动提示：

这个活动可以培养宝宝学习与人打招呼的用语，和接受别人礼物应该表示感谢的礼貌语言。在日常生活中，妈妈应鼓励宝宝与他人交往。

孩子可以自我纠正

蒙台梭利说：

1 孩子想要达到其预期目标的信念引导着他不断地进行自我纠正。不是哪个老师让他注意到自己的错误，而是孩子自己充满才智的复杂劳动导致了这样的结果。

2 不论我们所教育的是新生儿还是年纪大一点的孩子，教育者的首要责任应是去觉察孩子的人格，并对之予以尊重。

我们应认识到，如果我们忽视了孩子，我们就伤害了孩子，而我们常常这样做了却未向孩子致歉。

3 虽然他们的方式可能与别人不一样，但他们所选择的方式最能够满足自身的需求。儿童发展的各个阶段都会遇到这样的问题，它给儿童们带来了很大乐趣。如果成年人对他们进行干涉，他们会感到不快。如果我们让他们自由选择，他们会有自己的行事方式。儿童就是通过这些获得社会经验的。这种经验的积累可以使儿童能够正确处理所面临的问题。

经典解读：

“儿童发展的各个阶段都会遇到这样的问题，它给儿童们带来了很大乐趣。”——这一句可以让我们知道，成人看到儿童遇到的各种问题时，总是“主动帮助”或“及时教育”，这是一种多么错误的做法。

蒙台梭利曾经批评过老师的这种做法是有害的：“他们经常对儿童进行干涉。老师们的做法与儿童的想法完全不同，也打破了整个儿童群体的和谐。除非在一些特殊情况下，否则我们应该让儿童自己去解决这样的问题。我们应该客观地研究他们的行为，因为我们对儿童的行为还知之甚少。社会秩序正是通过这些日常经验形成的。”

尊重孩子的人格，不要把他们当成我们指导的对象。恰恰相反，他们往往是成人学习的对象呢。只有在尊重儿童的人格基础上，大人才会做到相信孩子能够自我纠正。要知道，当我们觉得孩子做得不对时，往往是按着自己的标准来衡量孩子的行为。而事实上，如果按照孩子成长的特点来看，他们的行为却是可以理解的。

蒙氏经典活动

终于拼对了

适宜年龄：3岁左右

活动道具准备：无。

活动开始啦：

宝宝小F是个乐天派的宝宝。他迷上了拼图游戏。可是有一次怎么拼也拼不好。妈妈看了看，发现他手里那块图和最后一个孔不对应，看来他是在某个地方把图拼错了。妈妈就仔细地看啊看啊，希望帮小F找到症结所在。

最后小F拿起了几个形状相似的拼块。然后重新换了一下位置。妈妈心中一动：没想到小F的反应比自己还快！自己还是静观其变为好，这样还可以锻炼他的反应能力呢。

还剩下最后2块了！很明显地就能安好位置，一块可以安在他的右前方。而他却一直在左边找。妈妈克制着自己一语点破的冲动，继续看着小F的行动。小F转了一大圈，最后终于找到了右前方的一块地方，比了一下，发现正合适，就把拼图按了进去。“啊，终于找到了！”小F开心极了。

活动提示：

幸亏妈妈没有告诉小F应该怎样解决拼图疑问，不然小F可就丧失了一次进行自我纠正的机会了。这个机会可是充满了复杂的眼、手、脑的运动的啊。如果妈妈一下子指出来，宝宝的这些器官的各种能力就得不到锻炼了，这多可惜。而且还有可能造成孩子从此不再主动思考，而是依赖妈妈帮他解决问题的依赖性人格。

儿童也需要以礼相待

蒙台梭利说：

1 就我们自己来讲，我们所渴望的是在工作中不受打扰，是在努力的过程中没有阻力，是在需要的时候好朋友能随时提供帮助，是看到朋友们和我们一起快乐，是和他们真正地友好相处，是能够信赖他们——这些是我们快乐共事所需要的。孩子们应该是比我们更需要尊重的人，因为他们天真，因为他们前途无量。我们需要的，他们同样也需要。

2 当我们开始认真审视孩子的道德教育时，我们的眼光应当再宽敞一些，应仔细检视一下我们为他准备的是一个怎样的世界。难道我们愿意他像我们一样，在粗暴地对待弱者时也毫无顾忌吗？难道我们愿意他像我们一样，在与同我们一样的人交往时是半个文明人，但在遇到无知与受压迫的人时，却又成了半个野蛮人吗？

经典解读：

也许这个比喻不恰当，大人好像经常把孩子当成自己的宠物或者小奴隶一样看待，难道不是吗？

我们在来客人时，往往让孩子表演一下他的成果，比如会画画、会跳舞之类，还非要孩子跟客人打招呼不可，即使那位客人爸爸妈妈也并不欢迎。

我们以为孩子就应该听大人的，因为大人所做的一切都是爱他才会这样做的。在爱的前提下，大人所做的一切都是对的。

天哪！在这样做的时候，有没有想过，其实是把大人自己的成见强加到了孩子头上？

想一想吧，你小时候是不是有不愿意让父母干涉的事情被干涉过？是不是有父母强迫你去做事，你一直耿耿于怀的情况出现过？

己所不欲，勿施于人。想想自己的童年经受的不公平待遇，也就应该反思一下：自己这样对待孩子是否正确呢？

请尊重孩子吧！

蒙氏经典活动

妈妈抱宝宝

适宜年龄：3~6个月

活动道具准备：无。

活动开始啦：

1 当妈妈下班回来或是从外面回来时，要跟宝宝说："妈妈回来了。瞧！妈妈回来了"。

2 妈妈抱过宝宝后，对宝宝说："叫妈妈，宝贝，叫妈妈。"同时要耐心亲切地教宝宝发出"妈妈"的音节。

活动提示：

- 逐渐发展宝宝的语言智能，让宝宝从小适应和其他人的交流。
- 平常无论妈妈在做什么，只要宝宝出声，妈妈都要主动与宝宝搭话，向宝宝做出"回答"。

鼓励孩子帮其他人做事

蒙台梭利说：

1 我认为儿童在潜意识里留有他们早期的一些东西，那就是只有必要时才向他人提供帮助。这就是儿童只有在不会成为别人的障碍时才会向别人提供帮助的原因。

2 讲解行为有助于年龄较大的孩子深入理解他们所学的知识。年龄较大的孩子在给年龄较小的孩子进行讲解之前，必须对自己所学的知识进行分析和整理。因此他的这种讲解行为并非没有任何回报。

解读经典：

我们有些家长非常不喜欢让孩子“吃亏”。他们让孩子处处争上风、抢先机、占便宜，但是这真的有利于孩子的成长吗？

有些家长不爱让孩子管“闲事”，认为这才有利于保护孩子。果真如此吗？如果你孩子遇到问题时，别人也采取束手旁观的心态来应对的话，你会觉得这样的做法可取吗？

反思一下吧。你的孩子及时给人帮助，也许正是他成长不可缺少的营养要素呢。

蒙氏经典活动

爸爸，我来帮你收拾吧

适宜年龄：3岁以上

活动道具准备：书。

活动开始啦：

1 爸爸在收拾自己书时，妈妈喊爸爸吃饭了。宝宝过来发现爸爸没有收拾完，就对爸爸说："爸爸，我帮你收拾吧。收拾完了，我们一起吃饭去。"

2 爸爸虽然担心孩子收拾不明白，但是觉得孩子这种助人为乐的精神可嘉，值得配合他。于是爸爸说："好啊。来，你帮爸爸把这两本书放到那边的第二个抽屉里吧。"

3 孩子非常完美地执行了指示。

4 就这样，在孩子的帮助下，爸爸收拾完了书。一家人开心地坐在饭桌前。

活动提示：

没想到，宝宝这么关心爸爸。这位爸爸的做法很对。他让孩子充分施展了帮助别人的能力，完成了宝宝助人的愿望。哪怕孩子收拾得不好，也要让孩子去做，因为他们有这样的心灵很可贵。

尊重孩子的爱心

蒙台梭利说：

1 爱不是一种概念上的东西，而是一种实实在在的力量。

2 爱是照亮黑暗的明灯，也是不传播声音的电波，它超过人类已经发现和利用的任何东西，这是宇宙间最为强大的力量。每个人心里都具有这种爱的力量。虽然自然界赋予人类的这种力量有限而且分散，但它却是支配人类的所有力量中最为伟大的一种。

3 人还能通过这种力量（爱）将自己劳动和智慧的成果结合到一起。没有这种力量，人类所创造的一切都会带来混乱和破坏（这种事情经常发生）。如果没有这种力量，随着人类的发展，人类所创造的所有东西都不能得到保存，都将归于毁灭。

解读经典：

善良与爱是一个人最值得我们尊重的品格。孩子在社会规范敏感期，正是培养他们塑造好品格的时期。一方面家长可以通过阅读一些品格、道德教育方面的故事性很强的，孩子也非常感兴趣的书“教化”孩子。另一方面，在现实生活中，家长也需要对孩子表示关注，为孩子的爱心提供帮助。

蒙氏经典活动

分辨情绪

适宜年龄：6个月以上

活动道具准备：准备各种表情的人像图片。

活动开始啦：

妈妈和宝宝一起看图片，一边看一边教导宝宝。如看到小姑娘哭泣的图片，可以让宝宝安慰小姑娘，如亲亲小姑娘、帮她擦眼泪等。

活动提示：

培养宝宝分辨表情的能力和对别人的爱心。

团队感基于高尚的情感

蒙台梭利说：

在儿童之间有一种明显的团队感。这种团队感以一种高尚的情感为基础，并且会促进集体的团结。在儿童的情感达到一个很高的层次时，在儿童的个性正常发展时，他们就会感觉到一种吸引。年龄大的孩子善待年龄小的孩子就是这种情况的具体表现。相反，已经正常发展的孩子对待新来的孩子的方式以及他们对待已经适应的孩子的方式都是这种情况的具体体现。

解读经典：

儿童世界往往是令人羡慕的，因为他们的团队没有大人的团队那么多的杂七杂八。他们似乎发自本能的有一种团队归属感。在他们的团队里，他们一起合作，一起分享快乐。这不值得我们鼓励吗？

蒙氏经典活动

拔河比赛

适宜年龄：4岁左右

活动道具准备：1根长绳子，中间系1条红丝带。

活动开始啦：

1 妈妈把绳子拿来，跟宝宝和爸爸宣布："我们进行一场拔河比赛吧。"然后通过手心手背的方式分组。

2 比赛开始后，两人一组的战胜单人一组的，然后再次分组重新比赛，每次都两人一组战胜单人一组，让宝宝明白人多力量大的道理，体会团队协作的重要性。

3 当宝宝和妈妈一组的时候，妈妈假装自己很累，跟宝宝说："妈妈很累，妈妈稍微偷点懒，宝宝要加油啊。"然后自己不出力，让爸爸赢了比赛，让宝宝明白团队中有人偷懒的害处。

活动提示：

宝宝如果被分成了单人一组，大多不愿意，这时候可以对宝宝说："这是规则，我们都要遵守的。希望宝宝也会遵守规则。"

团体意识是儿童自身努力的结果

ξ蒙台梭利说：

团体意识不是通过灌输方法得来的。它也不依赖于任何形式的竞争，而是自然的产物。这是儿童通过自身努力所取得的结果。儿童只有通过他们的行为才能在自然发展过程中向我们展示社会生活所必须经历的阶段。

ξ解读经典：

蒙台梭利认为，存在着一种社会单位的凝聚力。即“儿童在自然需要和潜意识的支配下，在社会意识的激发下形成了整体意识。”并把这种现象命名为“社会单位的凝聚力”。

而人类社会只有一个群体不缺少这种凝聚力，那就是儿童。这种凝聚力是“在自然的神秘力量指引下”产生的。“我们必须对此倍加珍惜，因为不管是人的性格还是社会情感，都不是从老师那里得来的，而是生命本身的产物”。

因此，团队意识是儿童自身通过自己的社会活动进行努力的结果，并不是老师家长教育的结果。可是为何，有些老师和家长反而教育孩子不顾团体意识一味地努力做到“出类拔萃”呢？

多创造机会，让孩子去进行团体意识的体悟和表现吧。

蒙氏经典活动

轨道乒乓球

适宜年龄：2~5岁

活动道具准备：1只乒乓球，几张报纸对折做轨道。

活动开始啦：

1 妈妈和宝宝并排而坐，各拿一张对折的报纸，把两张报纸对准折痕连接起来，让轨道延长。

2 把乒乓球放在轨道上，跟宝宝说："我们一起努力让乒乓球动起来，但是不能让乒乓球掉下去啊。"

3 妈妈抬高自己一侧的报纸，让乒乓球滚向宝宝，但保持两张报纸折痕始终连接在一起的状态，同时提醒宝宝"抬高报纸，别让乒乓球掉下去。""别跟妈妈的报纸分开。"让宝宝学会不让乒乓球掉下去的技巧。

4 妈妈提出要求："我们一起站起来，把乒乓球运到门口去。"然后小心地站起来，双方都努力不让乒乓球掉下来，运到目的地之后，与宝宝击掌欢呼成功。

活动提示：

所有人共同努力，把每个人的动作衔接起来，活动持续的时间足够长，可以让宝宝体会到协作的重要性。因此，这个活动参加人越多越需要共同协作，可以让爸爸、爷爷、奶奶等一起参与进来。

家庭会议

适宜年龄：1岁以上

活动道具准备：无。

活动开始啦：

1 召集全家人到客厅，让宝宝与其他人都坐好，妈妈说明会议主题："明天是星期六，我们要出去玩，但是去哪儿玩呢，我们要开个会来决定。"

2 每个人说个游玩的地方，问问宝宝想去哪儿也说出来，妈妈综合每个人意见，再次宣布："建议很多，我们没办法都去，必须选择一个。我们通过举手表决的方式来决定。同意吗？"大家说同意以后，问问宝宝，宝宝也同意，就进行举手表决。

3 游玩方案决定后，全家就出行的工具、需携带的东西等进行讨论，当然也要听宝宝的意见和建议。然后，包括宝宝在内，每个人都负责一部分准备工作，谁出了问题由谁负责解决。

活动提示：

让宝宝参加家庭会议，参与决定家庭事务，感受到家人对他的尊重，从而让他喜欢上团队生活。

Part 9

文化敏感期

（6~9岁）

Wenhua Minganqi

教育不是老师教了什么，而是人类自然而然发展的一个过程。它不是通过教授得来的，而是儿童从环境中获取经验得来的。

——蒙台梭利

天性如此

蒙台梭利说：

造物者赐给孩子的天性本来是要他们接受文化的熏陶，但我们的社会反而利用玩耍、睡觉的方式在他们的“敏感期”摒弃了这些。孩子是无法停止吸收，也无法停止活动的，如果真的没有什么东西可以吸收，他也只好凭借玩具来满足了。

解读经典：

3岁的幼儿开始对文化有朦胧的兴趣，6~9岁时出现探索事物的强烈要求，他们对天文、地理、地球、国籍、不同国家和地区的文化、生活等表现出强烈的好奇心。正如蒙台梭利所认为的，他们天性是要接受文化的熏陶的。因此，我们应该尊重孩子的天性，把他们想要吸收的都让他们吸收进去，而不是让他们受到阻止，借玩具来“满足”自己，要么调皮，不集中注意力，等等。

蒙氏经典活动

对符号的关注

适宜年龄：6岁左右

活动道具准备：加法练习。

活动开始啦：

4+4=8，孩子在纸上写上这个公式。他突然问："妈妈，为什么这样啊？"

妈妈两手举着4个手指，比画着对孩子说："你看这是4个手指，这是4个手指，加在一起，数一数，不就是8个了吗？"

"妈妈我知道的。你看我都写下来了。可是我不知道为什么非要这样写。"

"哦，这是前人发明的一种计算的方式，用'+'代表加的意思，用'='代表加起来的结果。'+''='、4、8都是符号。符号让我们把自己想要算的东西变得简单明了，比我们挨个写下来要方便多了。"妈妈解释道。孩子想了想，点了点头。

此后，这个孩子对许多符号都表示了关注，比如字母、商标、车标，等等。他一有兴趣就和爸爸妈妈、老师同学交流他的新发现。

活动提示：

这个孩子对符号感兴趣了。符号是人类文化海洋中的一个非常重要的内容。因为有了它们，我们的数学、化学、物理学等科学的发展才有了可能。这是一个勤于动脑的孩子，而妈妈也满足了孩子的好奇心，恰当地解释了他的提问。如果我们作为家长不知道怎么回答孩子这个问题时怎么办？一定要找别人来帮我们解决这个问题。要把这个求索的过程和结果给孩子说明。

为儿童提供文化信息

ξ 蒙台梭利说：

儿童的任务就是构造一个适应环境、适应他的时代、地区和文化的人。

ξ 解读经典：

因此，这时期“孩子的心智就像一块肥沃的田地，准备接受大量的文化播种。”成人可在此时给孩子提供丰富的文化信息，以本土文化为基础，延伸至关怀世界的大胸怀，比如可以让他涉及风土人情、历史、地理等方面的知识。

蒙氏经典活动

热爱我们的国家和文化

适宜年龄：5岁以上

活动道具准备：《三字经》。

活动开始啦：

"'我中华，在东北。曰江河，曰淮济。此四渎，水之纪。曰岱华，嵩恒衡。此五岳，山之名。'爸爸，这句是说我们中国有很多江河和山吗？"

"是的，孩子，你理解得很对。这些是老师教你的吗？"

"不是，是妈妈给我买的书里的。书名叫《三字经》。"

"哦，你喜欢吗？"

"喜欢啊，3个字一读3个字一读，真好玩。"

"理解它们的意思更重要呢。里面先讲的是如何做人处世的内容呢，我们都要好好学习和理解的。"

"啊？爸爸你没学过吗？"

"爸爸小时候普遍不重视国学教育，所以没能像你这样天天都能读国学的书。你要珍惜机会啊。儿子，你还能跟爸爸讲讲《三字经》都讲了什么吗？"

"刚才这里面说了让我做个好孩子。还讲了我们许多古代的事情。"

"都有哪些事情啊？"

"有古人和朝代，还有古人写的书。"

"嗯，你说得很好啊。把《三字经》里面的东西都读通了，你会了解我们国家的历史和文化的，这是一件很有意义的事。"

活动提示：

- 《三字经》讲到如何为人处世、介绍了中国传统文化知识，以及中国的古代经典名著、中国古代历史等内容。可以让孩子修身养性，了解我们国家的自然风貌、历史和文化。
- 国学教育是一种非常重要的教育。时下国学教育变得普及起来，家长也要有意识地为孩子创造条件，让孩子学好国学。

为儿童学习文化创造条件

蒙台梭利说：

教育不是老师教了什么，而是人类自然而然发展的一个过程。它不是通过教授得来的，而是儿童从环境中获取经验得来的。老师的任务不是讲课，而是在为儿童设置特殊的环境，准备和安排一系列的文化活动。

解读经典：

我们可以通过网络、报刊、广播等多种媒体为儿童学习文化创造条件，也可以通过各种活动，如参观博物馆、展会等多种方式让儿童切身体验文化。总之，在发现孩子喜欢某种文化时，不妨找机会多让孩子接触现实可感的文化，让孩子将从媒体上得来的信息与现实结合，更生动具体地了解文化。

蒙氏经典活动

学国学，用国学

适宜年龄：5岁

活动道具准备：无。

活动开始啦：

一家人正在吃饭，爸爸对妈妈说："今天我们公司有个同事病了，病很重，我们想组织个捐款，你说……"

"食不语，寝不言。"5岁的非非突然说话了。

爸爸不好意思地说："我错了，我应该在饭后跟妈妈谈事情。"

活动提示：

"食不语，寝不言。"出自《论语·乡党》。爸爸妈妈没想到自己把孩子送到国学班，还真送对了，孩子学的东西没白学，孩子对国学经典的运用真灵活啊。

尊重孩子的个性发展

ξ 蒙台梭利说：

我们的教育目的就是要帮助那些孩子去自觉地发展心灵、精神和身体的个性，而不是使他们成为普遍接受的文化中的个体。

ξ 解读经典：

孩子是有着自己独特个性的，而不是像机械大生产似的，是从流水线上生产下来的某种机器。尊重孩子对文化的独特需要，让“孩子去自觉地发展心灵、精神和身体的个性”。这需要家长、学校和社会的多方努力。家长可能改变不了教育体制问题，但至少可以为孩子的个性成长创造一块“田地”，让孩子在这块“田地”里吸收养分，成长起来。

蒙氏经典活动

了不起的中医文化

适宜年龄：5岁

活动道具准备：外出必备用品。

活动开始啦：

妈妈带大卫去拜访自己的一位老师。一回到家里，大卫就让妈妈坐在桌子旁，拿来一个毛巾卷成卷，让妈妈把胳膊放在上面。然后，大卫煞有介事地把中间3个指头放在妈妈胳膊上，说要给妈妈切脉。

妈妈笑着说："错了，你按错地方了。应该按在这里，你摸摸，这里有个小骨头，中指按在它前方的血管上。"

大卫照着妈妈说的做了："啊，妈妈，你的血管在跳啊！"

"你的也在跳啊。不信你摸摸。"大卫摸了摸。

"你的血管跳的方式和妈妈的不一样。你仔细摸一摸。"

大卫摸了摸，对妈妈说："妈妈你的跳得比我细，我的跳得比你快呀。"

"妈妈，你抬起舌头让我看一看。"

"大卫，是伸出舌头，不是抬起舌头。"

"哦，呵呵呵。"

妈妈让大卫拿来一个镜子，把镜子摆在两人面前，也让大卫伸出舌头给她看。妈妈告诉大卫，自己的舌头说明自己的身体状况是怎样的，大卫的舌头可以看出大卫的身体状况是怎样的。妈妈还给他讲了中医把脉是怎么诊断病的。当然，大卫不可能一下子理解那么博大精深的中医知识，但是妈妈的解释让他对中医更有兴趣了。

活动提示：

中医是我国传统文化的瑰宝。中医文化是我国古代气候学、地理学、医学、社会学、心理学等的综合学问。值得那些喜欢中医文化的人一辈子学习研究。大卫因为妈妈是中医，同时还是科班出身，热爱上了中医。大卫在妈妈给他做的日常讲解中，知道了为什么妈妈动不动就褒药汤（药膳）喝。大卫还在妈妈带领下去了中草药种植园，认识了好多中草药。

地球、月亮和太阳

适宜年龄：6岁左右

活动道具准备：讲述地球运行的文章。

活动开始啦：

“爸爸，地球绕着太阳转，月亮又绕着地球转，它们不会撞到一起吗？”孩子有点担心地问着爸爸。

孩子几天来一直在仔仔细细地读着这篇文章。因为爸爸曾经告诉他：“读书如果一开始不明白，就要多读几次，读着读着，就明白了。”可是这次，他读了整整7次了，还是没读明白这段关于“运行”的话。于是，他忍不住，向爸爸发问了。

“哦，儿子，这样吧，我们把妈妈叫来，和我们一起表演一下，你就容易明白了。来，我们得到客厅里，那里才能放得开。妈妈，过来一下。”

爸爸因为体积大，所以当“太阳”；妈妈是“地球”，儿子是“月亮”。爸爸在每个人的脚下拿水彩笔画了一条线，作为“轨道”，并告诉大家，每个人都沿着自己的“轨道”转圈，而且在转的时候，还要“自转”。

于是活动开始了。转了一圈下来，虽然头晕，但是儿子却很开心地说：“我明白了，它们不会撞在一起，啊，太好了！”孩子抑制不住自己的高兴劲儿，顺势转了好半天，才“晕”倒在爸爸怀里。

活动提示：

- 看来这个孩子对天文知识很感兴趣。爸爸面对儿子的疑问，给他创造了一个活动。通过这个活动，孩子终于解决了自己的疑问和担心。
- 父母应该及时发现孩子对各种文化的敏感，如果孩子对某一文化感兴趣，不妨多提供这方面的信息，供他学习。当然也要注意不要太专业化，因为最终，“专”要在“广博”的基础上才会有所创造。

做好对孩子的纠正工作

成人倾向于压抑儿童的活动。由于成人不希望儿童打扰他们，或使他们心烦，他们就试图让儿童变得老实。儿童被囿于托儿所，乃至学校之中，成人罚他到那些“流放地”去，直到他达到能生活在成人世界的年龄，并不再会引起他人的烦恼。只有到了那时，儿童才被接纳进社会。

——蒙台梭利

成人倾向于压抑儿童的活动

蒙台梭利说：

1 成人倾向于压抑儿童的活动。由于成人不希望儿童打扰他们，或使他们心烦，他们就试图让儿童变得老实。儿童被囿于托儿所，乃至学校之中，成人罚他到那些“流放地”去，直到他达到能生活在成人世界的年龄，并不再会引起他人的烦恼。只有到了那时，儿童才被接纳进社会。在这之前，他必须像一个被剥夺了公民权的人那样服从成人。儿童把成人当作他的主人和君主，必须永远服从他的命令，对这种命令不存在上诉。

2 孩子能够找到自我学习和自我精进的方向，或者遭到阻碍，都取决于老师。一个老师一定要明白，自己绝对不能影响到孩子的自律，老师应该要对孩子的潜力有信心。

解读经典：

俗话说：“哪里有压迫，哪里就有反抗。”儿童被成人压迫，他会反抗，但这样的反抗最终却只能导致儿童成长中出现缺陷。作为家长，你愿意看到自己的孩子成长的结果是这样的吗？如果不希望的话，就不要压抑孩子吧。

蒙氏经典活动

不写完，就不许出去玩

适宜年龄：5岁左右

活动道具准备：无。

活动开始啦：

孩子正在写妈妈布置的一个单词写5遍的作业。但是孩子很想让妈妈带着他到公园里玩一玩，因为他觉得写作业这种事情太枯燥了。但是妈妈却对他说："不写完，就不许出去玩。"没办法，这个孩子在心里极不情愿又不得不做的压力下，像应付苦差事似的写着单词。最后，终于写完了。他拿给妈妈看，妈妈说："这就对了，要养成做完正事再去玩的习惯。"可是这位妈妈不知道孩子的心里是多么难过。

活动提示：

- 大人往往爱跟孩子讲条件：如果你不执行完我的命令，你的愿望就不可以实现。是啊，大人凭着自己"大"就有理由欺压"小孩子"，但是孩子受压迫久了，也会生出许多问题的，比如孩子的心灵受到伤害久了，也会影响身体的健康。此外，这些压抑太久了，时间长了，孩子难免不会出现以叛逆的方式寻求解脱的方式。
- 这位妈妈应该仔细听听孩子的心声，而不是非要孩子机械地把一个单词写5遍，记住单词的方法很多，如多看文章，在文章中记忆单词，多在空中用手指拼写，等等。这些都比有体罚性质的"写5遍"更适合孩子的心理特点。而且妈妈的方式太一刀切了，根本没考虑到人类记忆的特点：简单的事情容易记忆。有些单词只有3个字母，一看就会了，有必要写5遍吗？

批评孩子不可取

蒙台梭利说：

成年人对待儿童最为典型的方法就是努力寻找他们的缺点，然后严加批评。但这种批评却起不到任何正面作用。如果我们的教育工作以这种方式为基础，就只能把人类的社会生活水准拉向一个更低的水平。

解读经典：

且不说成人眼中的“缺点”是不是真正的缺点，即使是缺点，成人的态度也是让儿童难以接受的。这种批评方式，往往只能使儿童变得不再自信、委屈，甚至是叛逆。为了孩子的健康成长，大人与孩子之间应该进行融洽的沟通和交流、细心地倾听，从倾听中为孩子理出头绪，让他们自己经过内心的思考，真正地认识到自己应该怎样做，这才是正确的办法。

那些与时俱进的爸爸妈妈深知这样做的好处，因此，他们有非常灵活的办法来帮助孩子解决他们的“缺点”。

蒙氏经典活动

你这样做是错误的

适宜年龄：3岁左右

活动道具准备：无。

活动开始啦：

孩子把自己画的画拿给妈妈看，一脸高兴的样子。可是妈妈看了后，却说："你这样画是不对的，小鸟怎么能画在太阳旁边呢？"

孩子听了很委屈地说："现在是冬天，这只小鸟太冷了，所以我让它离太阳近些。"

"小鸟有羽毛的，不会冷的。你画得不对。"妈妈再次重申了自己的意见。

一天，妈妈对孩子说："你今天画了什么？"

"我不喜欢画画了。"

"唉，你干什么都没长性。"

活动提示：

- 这位妈妈可能是受了"越挫越勇"这个词的诱导了吧？不然怎么总是打击孩子的积极性呢？这个孩子把小鸟画得离太阳近，有他自己的道理——这说明这个孩子有爱心，且有丰富的想象力啊。想象力不是孩子成长的要素吗？没想到这个要素被"严谨的"妈妈给扼杀了。孩子再也不画画了。
- "没长性"是孩子的问题吗？孩子做第一件事时，妈妈批评他，于是孩子想出第二件事来做，希望获得妈妈认可，可是妈妈还是批评他……无论他做什么，妈妈都打击，这样的孩子会有长性吗？

用正确的方式帮助孩子

蒙台梭利说：

1 在儿童准备进入社会生活的第一阶段，成年人如果对儿童进行干涉可能会起到负面作用。儿童们排成一列向前行进时，可能会有一个孩子跑出来向相反方向走，于是矛盾就不可避免地发生了。我们成年人的想法总是把孩子抓住，带回到原来的队伍中来。但是，儿童会照顾自己，他们会解决自己的问题。

2 儿童只有通过他们的行为，才能在自然发展过程中向我们展示社会生活所必须经历的阶段。

3 我们会注意到孩子有一种极力向外扩展的个性，他有主动性，他选择自己要做的事并坚持做下去，他根据自己内在需要来改变它。他不逃避做任何努力，相反是努力并满怀喜悦地靠自己的能力克服困难。

解读经典：

帮助孩子要在尊重孩子的成长特点和个性的前提下进行。孩子在自己的成长过程中，在与同伴相处的过程中，会通过自己的努力把他遇到的困难解决好的。请相信孩子的能力，支持他们的努力吧。